Peter Handke

ro
ro
ro

W0078976

rowohlts monographien
begründet von
Kurt Kusenberg
herausgegeben von
Uwe Naumann

Peter Handke

Dargestellt von Hans Höller

Rowohlt Taschenbuch Verlag

Umschlagvorderseite: Peter Handke, November 1995
Umschlagrückseite: Peter Handke, in Triest, 1988.
Foto von Isolde Ohlbaum
Autograph aus Handkes Notizbucheintragung vom
12. Dezember 1978 in Madrid, auf der Rückreise aus den USA

Seite 3: Peter Handke in Belgrad. Foto von Zlatko Bocokić,
April 1999

Originalausgabe
Veröffentlicht im Rowohlt Taschenbuch Verlag,
Reinbek bei Hamburg, Dezember 2007
Copyright © 2007 by Rowohlt Verlag GmbH,
Reinbek bei Hamburg
Umschlaggestaltung any.way, Wiebke Jakobs,
nach einem Entwurf von Ivar Bläsi
Redaktion Wolfgang Müller
Redaktionsassistenz Katrin Finkemeier
Reihentypographie Daniel Sauthoff
Layout Gabriele Boekholt
Satz PE Proforma und Foundry Sans PostScript,
InDesign 4.02
Gesamtherstellung Clausen & Bosse, Leck
Printed in Germany
ISBN 978 3 499 50663 5

INHALT

Mit der Mutter in Düsseldorf, 1968

Der Traum vom 13. Januar 1963

Am 13. Januar 1963 berichtet der zwanzigjährige Peter Handke, der in Graz Jura studiert, seiner Mutter in Griffen in einem Brief den Traum der vergangenen Nacht. Er habe von seinem Onkel Gregor, dem in Russland gefallenen Bruder der Mutter, geträumt. Der Traum, von dem er ihr erzählt, erscheint uns heute wie die Schwelle zu Handkes Königsweg der Literatur, eine Schwelle, die an dem für ihn so wichtigen Übergang zwischen Schlafen und Erwachen liegt.[1]

Liebe Mama, heute habe ich einen sehr seltsamen Traum gehabt: es war schon am Morgen, ich lag da mit dem Gesicht auf dem Polster, so träumte ich, und zwar von Onkel Gregor. Meist ist es doch so, daß man in einem Traum selber vorkommt (oder es ist sogar immer so), aber diesmal war das anders, ich träumte nur von ihm, sonst von keinem Menschen, das heißt, sonst war niemand im Traum sichtbar. Wenn ich sage, daß ich selber nicht in dem Traum war, dann ist das vielleicht auch nicht richtig; ich war vielmehr Onkel Gregor, ich meine damit: alles, was ihm widerfuhr, das erlebte ich an mir; ganz unbeschreiblich war das. Ich träumte also, daß er im Freien schlief, es mußte Krieg sein. Ich sah zwar nichts davon, daß Krieg war, aber ich war ganz überzeugt davon. Er erwachte also in dem Feldlager und warf die Decke weg. Dann überlegte er, wie lange er geschlafen hatte: Obwohl es Nachmittag war, war der Himmel nicht zu sehen. Es war also gar kein Himmel zu sehen. Da fiel ihm ein, er hatte noch eine Stunde und vierzig Minuten frei zum Schlafen. Während um ihn herum unsichtbar Soldaten saßen und über ihr Eßgeschirr gebeugt waren, war es weiter weg völlig ruhig: aber es war Krieg. Er stand nun auf und ging auf den Waldrand zu. Er wollte desertieren, das begriff ich, denn ich war an seiner Stelle, und es war kein Unterschied zwischen uns. Er hatte noch eine Stunde und vierzig Minuten Zeit, die ihm zum Schlafen gegeben war: die wollte er ausnützen. Schon unter den Bäumen blickte er sich um: die unsichtbaren Soldaten lärmten unbekümmert im Lager, er hatte ja das Recht zu schlafen, also konnten sie ihm nichts verwehren. Als er dann mitten im Wald vorsichtig hinhuschte, fiel ihm ein, daß er auf einer Lichtung, die sich gegen ein Feld eröffnete, auf je-

Gregor (1913 – 1943) und Hans Siutz (1922 – 1943), die beiden im Zweiten Weltkrieg gefallenen Brüder der Mutter. Besonders Gregor nimmt im familiären Mythos Peter Handkes eine zentrale Stellung ein als «Tiefenbild» mehrerer literarischer Gestalten: Der «später im Osten gefallene Bruder meiner Mutter, der auf einem Auge blind war und dessen Briefe aus dem Krieg, geschrieben in einer sehr klaren Schrift, ich als Kind immer wieder gelesen hatte. Auch als Heranwachsender hatte ich noch oft von ihm geträumt, und spürte jetzt geradezu ein Begehren, wieder er zu sein.» (Die Lehre der Sainte-Victoire, S. 80)

manden warten müsse. Ganz sicher würde dort einer kommen zwischen den Farnen und hohen Stauden hervor und von weitem schon lachen im Herbeilaufen und mit ihm würde er über das weite Feld gehen, obwohl es verboten war. Das fiel ihm ein so mitten im Wald. Dann wurden seine Füße schwer gegen die Lichtung zu, und Angst ergriff ihn: hinter ihm war jedoch niemand. Ich erinnere mich noch: es mußte auch geregnet haben, denn die Spuren seiner Schuhe waren dunkel eingedrückt in einem feuchten Schlamm, als wollten sie ihn verraten. Er kam nun in die Lichtung und schaute sofort nach links zu den Farnen und kleinen Büschen hin, in denen der Wald auslief; im gleichen Augenblick wußte er, daß es sein Bruder Hans war, der mit ihm gehen sollte. In dem fahlen Licht, welches von den Bäumen her kam, blieb aber alles wie es war. Niemand

kam ihm entgegen. Da geschah das Seltsame: indem er die Augen em-
porriß zur anderen Seite (er schien nicht halbblind zu sein), kam ihm
der Himmel entgegen wie eine hohe auftürmende Welle über das weite
Feld her; es war, wie wenn Du arglos ein Fenster aufmachst, und plötz-
lich fährt Dir der Wind ins Gesicht. Der Himmel aber war ganz blau,
mit langen schneeweißen Wolken durchzogen, die waren die Bomber.
Da faßte ihn ein Jammer und schüttelte seinen ganzen Körper. Es war ja
Krieg, dachte ich. Gleich als ich erwachte, fiel mir ein, das muß ich Dir in
einem Brief heute schreiben. Ich überlegte alles noch einmal von Anfang
bis Ende, um nichts zu vergessen, aber auch um nichts zu erfinden, und
was an Vergleichen in dem erzählten Traum ist, das schrieb ich nur zum
Veranschaulichen, sonst ist es so, wie es war.[2]

Ist nicht, fragen wir an dieser Traum-Schwelle ins literarische
Werk, der Traum von der Desertion der Brüder aus dem Krieg,
von den Bombern über der Landschaft und der über das Ich her-
einbrechenden Gewalt die «Innenwelt der Außenwelt» eines Ich?
Geschichte als Weltinnenraum von Handkes Sprache? Schreiben
als Befreiung vom Kriegsgesetz?

Der Gregor-Traum wird gleich im ersten Roman, *Die Hornissen*
(1966), leicht verändert im *Tagtraum* des Gregor Benedikt wieder-
kehren.[3] In Handkes Büchern kommen oft Träume vor, nicht nur
der Traum von der Heimkehr aus dem Krieg, sondern monströse
und disparate Albträume, wie überhaupt die abrupten Umspringbilder und die magische Sprache im Werk traumähnliche Züge
aufweisen. Manche seiner mehr als hundert zum großen Teil unveröffentlichten Notizbücher lesen sich wie Traumbücher.

Die vom Briefschreiber angesprochene Blindheit – der wirkliche Bruder der Mutter war auf einem Auge blind – wird im ersten Roman in Verbindung gebracht mit der Blindheit des Dichters,
jenem weiter reichenden, dem Traum verwandten Sehen. «*Halb-*
schlaf-Erzählung» nennt der Erzähler-Autor in der *Niemandsbucht*
(1995) – auch er trägt den Vornamen Gregor – mit Selbstironie
sein erstes, an der Grenze von Schlafen und Wachen angesiedeltes
Buch.

Das Gegenüber, an das sich die Traumerzählung im Brief richtet, ist die Mutter. Sie nimmt bei der Begründung der Autorschaft
des Erzähler-Sohnes einen besonderen Platz ein. In *Die Wiederho-*
lung, der großen, messianischen Erzählung des Gregor-Traums, ist

es wieder die Mutter, die *das Heil für uns von uns selber* fordert und sich *ihr eigenes Recht* gibt *(was sie aus der Erfahrung der beiden Weltkriege ableitete).*[4]

Im Brief an die Mutter wird der Traum mit keinem Wort erklärt. Es werden nur die Regeln der Traumsprache und das eigene Erzählverfahren beschrieben, und es wird versucht, *nichts zu vergessen* und *nichts zu erfinden.* Dieses die eigenen Verfahren und die Gesetze der Beschreibung bedenkende Erzählen ist eines der literarischen Charakteristika in Handkes Werk von Beginn an.

Einer, der zum anderen geworden ist, zum Bruder der Mutter, geht auf eine *Lichtung* zu. Der andere Bruder sollte dorthin kommen. Sein Lachen würde *von weitem schon* zu hören sein, und das Traum-Ich würde mit ihm *über das weite Feld gehen, obwohl es verboten war.*

Im Traum wird auf dem *Recht zu schlafen* bestanden. *Die Zeit, die ihm zum Schlafen gegeben war,* eine Formulierung, die an die Bibelsprache – oder an Bertolt Brechts Gedicht «An die Nachgeborenen» – anklingt, beträgt *eine Stunde und vierzig Minuten,* so lang, wie das Kino dauert, in dessen Tagträume der Student damals vor seinem Studium flüchtete.[5] Die Müdigkeit und die Angst, die sich über das Traum-Ich hermachen, ein anderer ‹Tagesrest›, bedrückten den Studenten auch außerhalb des Traums, wenn er nicht genug Zeit für die Vorbereitung der juristischen Prüfungen fand, weil er schreiben wollte und mit Gelegenheitsarbeiten Geld verdienen musste.

Das Elternhaus der Mutter in Griffen, Altenmarkt 25, wo Peter Handke seine Kindheit verbrachte

Kindheit in Krieg und Nachkriegszeit 1942–1954

Mitten im Krieg, am 6. Dezember 1942, wurde Peter Handke in Altenmarkt Nr. 25, Gemeinde Griffen – slowenisch: Stara Vas –, geboren. In der Nähe des Südkärntner Dorfs begann das im Zweiten Weltkrieg von deutschen Truppen besetzte Jugoslawien. Die Mutter des Kindes, Maria Handke, geborene Siutz (slowenisch: Sivec) lebte im Haus ihrer Eltern. Eine «niedrige, dürftige Stube», in die man «auf einer steilen Holztreppe» kam, so beschrieb die Landhebamme in ihrem Erinnerungsbuch die ärmlichen Wohnverhältnisse der Mutter.[6] Der leibliche Vater des Kindes, Ernst Schönemann, ein in Kärnten stationierter deutscher Wehrmachtssoldat, stammte aus dem Harz und war vor dem Krieg Sparkassenangestellter. Er dürfte für Peter Handkes Mutter die große Liebe bedeutet haben, aber weil er schon verheiratet war, trennten sie sich, noch bevor das Kind da war. Maria Siutz heiratete Ende November 1942, kurz vor der Geburt des Kindes, einen anderen Mann, wieder einen Soldaten aus Deutschland, Bruno Handke, der vor der Einberufung zum Militär Straßenbahnschaffner in Berlin gewesen war. Bis zu seinem 18. Lebensjahr wird Peter Handke nicht erfahren, wer sein leiblicher Vater ist.

Spricht der Autor von seiner Kindheit, ist oft von traumatischen Erfahrungen die Rede. *Es muß so eine Art Urschock gegeben haben. Manchmal meine ich, es waren Angstzustände als Kind, wenn die Eltern nicht zu Hause waren und dann zurückkamen und sich schreiend prügelten und ich mich unter der Decke versteckte.*[7] Die Angst ist in seinem Werk oft gegenwärtig, und die Sprache zeigt an solchen Stellen eine exzessive Körperlichkeit. *Seit ich mich erinnern kann, ekle ich mich vor der Macht,* so der Autor in der Büchner-Preis-Rede (1973), *und dieser Ekel ist nichts Moralisches, er ist kreatürlich, eine Eigenschaft jeder einzelnen Körperzelle.*[8] Am Beginn von *Der kurze Brief zum langen Abschied* (1972) werden *Entsetzen und Erschrecken* als körperliche Disposition dargestellt, als wären sie ein Geburtsfehler, der die weitere Lebensgeschichte bestimmt: *So weit ich mich zurückerinnern kann, bin ich wie geboren für Entsetzen und Erschrecken gewesen.*[9] Diese extreme, quasi traumatische Form der Erfahrung erklärte der Autor aus der schon früh erlebten körperlichen Gewalt zwischen den Eltern und, bei diesem Datum der Geburt ebenfalls naheliegend, aus der geschichtlichen Wirklichkeit: dem Krieg, der sozialen Misere und der Herkunft aus einer Kärntner slowenischen Familie in der NS-Zeit – *es war schon beängstigend damals, die Endkriegszeit und dann die Nachkriegszeit, das hat ziemlich bestimmend gewirkt auf mich*[10].

Die Siutz-Sippe blieb für Mutter und Kind allein aufgrund der Wohnsituation im großväterlichen Haus der größere familiäre Rahmen. Im Werk Peter Handkes findet man nur wenige Hinwei-

Mit der Mutter auf der Schwelle des Hauses, 1943

se auf die Familie des deutschen Ziehvaters, obwohl das Kind doch mit seiner Mutter einige Jahre, zuerst 1944 und dann nach Kriegsende von 1945 bis 1948, in Berlin lebte.[11] Alle Gestalten seines literarischen Familienmythos, auch die Toten, die im Gedächtnis weiter leben, stammen aus der mütterlichen Linie.[12]

Im Elternhaus in Griffen waren die Mutter Peter Handkes und schon der Großvater mütterlicherseits auf die Welt gekommen. Gregor Siutz, geboren 1886, Kleinbauer und Zimmermann, hatte mit seiner Frau Ursula fünf Kinder: Gregor, Ursula, Georg, Maria und Hans. Maria Siutz, Peter Handkes Mutter, wurde 1920 geboren. Auch als sie heiratete und selbst Kinder hatte, blieb sie im Elternhaus oder kehrte nach dem Berlin-Aufenthalt wieder dorthin zurück, und ihr Vater, «Ote», wie ihn der Enkel nannte und wie er in Dorf und Familie genannt wurde (vom slowenischen «oče», gewissermaßen «Papa», «Vater»)[13], war die Autorität im Haus. Gregor Siutz starb 1975, beinah 90 Jahre alt. Nur einer seiner Söhne, Georg, wie der Vater von Beruf Zimmermann, überlebte den Zweiten Weltkrieg und brachte es zum erfolgreichen Unternehmer im Zimmereigewerbe – und zum Gemeinderat der deutschnationalen FPÖ. Die beiden anderen Söhne, Gregor und Hans, deren Namen man oft in Handkes Büchern findet, sind im Krieg umgekommen. Beide sind 1943 in Russland gefallen.

Gregor hat im Familiengedächtnis und in der Erinnerung von Peter Handkes Mutter einen besonderen Platz. Seine Feldpostbriefe wurden zu Hause immer wieder gelesen, und sie wurden für den Schriftsteller zur familiären Schrifttradition. Nicht nur wegen der schönen Handschrift wurde er zum Schreib-Vorfahr[14], sondern auch wegen der Wut auf die Welt des Kriegs und wegen der Sehnsucht nach Heimkehr, die aus seinen Briefen spricht. *Könnte man noch so wie er*, heißt es in Handkes Brief an die Mutter vom 29. April 1962, *die Welt eine verfluchte nennen und daneben trotzdem Sehnsucht haben nach einem Unsagbaren, das für ihn eben die Heimkehr war! Wer überhaupt kann das heute noch? Verdammte schöne arme Welt, sagte er.*[15] Gregor war im Dezember 1942 Peter Handkes Taufpate, aber da er als Soldat im Krieg war, wurde er von seiner Schwester Ursula vertreten.

Die männlichen Gestalten der mütterlichen Familie haben den Enkel und Neffen so beeindruckt, dass er sie von seinem ers-

ten Roman an näher an sich heranrückte, eine Generation über-
sprang, den Großvater in die Vatergestalt und den halbblinden
Onkel Gregor in den blinden Dichter-Bruder verwandelte – und
damit zugleich die deutschen Väter verdrängte. Gregor Siutz, der
Großvater, hatte, was den Schriftsteller-Enkel je später, desto weniger gleichgültig ließ, in der Kärntner Volksabstimmung 1920
für Jugoslawien votiert, worauf er von den deutschnationalen
Dorfbewohnern *mit dem Erschlagen bedroht* worden war. *Die Groß-
mutter warf sich dazwischen*[16]. Sein Sohn Gregor, Handkes Onkel
und Taufpate, besuchte in den 1930er Jahren die Obstbauschule in
Maribor und bekannte sich nach der Rückkehr in sein Heimatdorf
offen und stolz zu seiner slowenischen Herkunft.[17] Beide gehörten
mit ihrem Wertesystem einer vormodernen Welt an. So bestürzend wirklich dem angehenden Schriftsteller diese alte, zu Ende
gehende Welt des traditionellen Glaubens und Denkens und der
handwerklich-bäuerlichen Arbeitsformen erscheint, er übersieht
nicht das Autoritäre, Gewalttätige und Unreflektierte dieses ar-
chaischen menschlichen Habitus.[18]

Vor dem Elternhaus der Mutter. Ein Pferdekarren wie der des
Vaters im Roman «Die Hornissen»; links im Bild ist als Schatten
die Hand der winkenden Mutter zu sehen.

Peter Handkes Generation erlebte die rapide Veränderung von menschlichen Verhaltensweisen, von Lebens- und Arbeitsformen und selbst von Landschaften, die sich über Jahrhunderte kaum gewandelt hatten. Vielleicht hat die Erfahrung dieses gravierenden kulturellen und sozialen Umbruchs diese Autorengeneration so hellhörig gemacht für die Sprache und für das Sprechen, für Sprache als «Lebensform» (Ludwig Wittgenstein). Sie haben alle den Bruch erlebt zwischen der vormodernen, dialektalen Sprachwelt der Provinz, der Welt des alten Handwerks, der kleinbäuerlichen Lebensformen – und der technisierten Welt der Metropolen, der neuen Kommunikations-, Zeichen- und Bildmedien. Selbst das Telefonieren blieb für Peter Handke – als er schon lange aus dem Dorf weggezogen war, nichts Selbstverständliches. Aber bald wurde das Dorf selbst von diesen Veränderungen erfasst.

GRIFFEN – BERLIN – GRIFFEN

Der entscheidende Bruch im Leben und Werk Peter Handkes – er hat die tiefsten Spuren in seinem gesamten Werk hinterlassen – ist in den Schrecken des Kriegs zu finden.

In den ersten Jahren lebt das Kind mit der Mutter in einem Trauerhaus, das den Tod zweier Söhne und Brüder beklagt. Der Ziehvater Peter Handkes ist als Soldat im Krieg, die Mutter über sein Schicksal im Unklaren. 1944 fährt sie mit dem noch nicht zweijährigen Kind zu den Eltern ihres Ehemanns nach Berlin, als die Stadt in der letzten Phase des Weltkriegs heftig bombardiert wurde.[19] Immer wieder wird man in Handkes Werk die plötzlichen Umspringbilder in die Kriegsschrecken der Bombardements finden, nicht nur, wenn es, wie im Filmbuch *Der Himmel über Berlin* (1992), um die Stadt als Schauplatz geht, wo die Kriegserinnerungen besonders bedrängend sind.

Noch im selben Jahr 1944 kehrt Maria Handke mit dem Kind in das Kärntner Heimatdorf zurück, das inzwischen ebenfalls von den Kämpfen erreicht worden ist. Auch hier fallen Bomben; zudem terrorisieren die Nazis die Slowenen in den gemischtsprachigen Gebieten Südkärntens mit Vertreibung, Verschleppung in Konzentrationslager oder mit mörderischen Überfällen auf die Gebliebenen. Kärntner Slowenen, die aus der Hitler-Armee desertiert sind, tun sich im Widerstand gegen das Nazi-Regime zusammen,

Die Familie der 1943 gefallenen Söhne in Trauerkleidung vor dem Haus Altenmarkt Nr. 25: die Tante, Ursula Siutz, die als Taufpatin den im Krieg abwesenden Onkel Gregor vertrat, die Großeltern (Gregor und Ursula Siutz), die Mutter, Maria Handke, mit dem etwa zweijährigen Kind – «unser Haus, [...] immer noch ein Trauerhaus». (Die Wiederholung, S. 69)

um Krieg und Vertreibung zu beenden und endlich heimkehren zu können zu ihren Familien.[20]

1945, bald nach Kriegsende, fährt Maria Handke mit ihrem Kind wieder nach Berlin. Sie hat erfahren, dass ihr Mann dorthin zurückgekehrt ist, aber als sie ankam, lebte er inzwischen mit einer Freundin und hatte die Frau aus Kärnten vergessen, *damals war ja Krieg gewesen. Aber sie hatte das Kind mitgebracht, und lustlos befolgten beide das Pflichtprinzip,* kommentiert der Erzähler-Sohn das wunschlose Unglück der Beziehung seiner Eltern.[21] Sie «hauste[n] in einem großen Untermietzimmer in Berlin Pankow, im sowjetischen Sektor, im Nordosten der zerbombten und zerschossenen Stadt»[22]. Dort kam 1947 Peter Handkes Halbschwester Monika auf die Welt. Die danach geborenen Kinder, Hans Gregor, dessen Name an die beiden im Krieg umgekommenen Brüder der Mutter erinnert, und Robert wurden bereits nach der Rückkehr nach Österreich geboren.

Im Juni 1948, kurz vor der von den Sowjets am 24. Juni verhängten Blockade, flüchtete die Familie aus dem sowjetischen

Die Familie in Berlin: Maria und Bruno Handke mit den Kindern Peter und Monika, Mai 1948, kurz vor der Flucht zurück nach Österreich

Ostsektor des geteilten Berlin zurück nach Österreich, zur Familie der Mutter in Kärnten. In einem Schulaufsatz erinnert sich der Zwölfjährige an den illegalen Grenzübertritt von Bayern nach Österreich. Die Familie sucht Hilfe und findet sie bei einer Frau, deren toter Mann noch in ihrem Haus aufgebahrt liegt, um sie eine *Schar noch zum Teil ganz kleiner Kinder*[23]. Diese Frau teilt mit der Flüchtlingsfamilie den Kuchen, der für die Trauergäste gedacht ist, und es gelingt ihr, einen Transportunternehmer dazu zu bringen, dass er die Familie, auf der Ladefläche seines Lastwagens versteckt, über die Grenze fährt. Diese Frau ist eine Vorwegnahme der starken Helferinnen in Handkes literarischem Werk, jener Busfahrerinnen über Land oder tatkräftigen Autoritäten wie der *Aventurera* im großen Roman-Epos *Der Bildverlust oder Durch die Sierra de Gredos* (2002).

In Griffen angekommen, werden der Familie zwei Kammern im Obergeschoss des alten Elternhauses zugewiesen. Der Vater findet eine Arbeit als Lastwagenfahrer im Zimmereibetrieb des erfolgreichen Onkels, die Mutter wird wieder *ein Teil der früheren*

Hausgemeinschaft[24] im kleinbäuerlichen Elternhaus. Anfang der 1950er Jahre übersiedelt die Familie in eine nahegelegene schäbige Keusche, das Erbteil der Mutter. Peter Handke wird sich später als *Kleinhäuslersohn*[25] bezeichnen und die Zentralgestalt in der Erzählung *Die Stunde der wahren Empfindung* (1975) und im Roman die *Niemandsbucht* (1994) Gregor Keuschnig nennen. Keuschnig, darin steckt der Name für ein kleinbäuerliches Anwesen, versehen mit der kärntnerisch-slawischen Namensendung «-nig». Als 1957 noch ein viertes Kind, Robert, auf die Welt kommt, kann die Familie in das mühevoll in Eigenarbeit erbaute neue Haus am Hang oberhalb der Keusche übersiedeln.

SPRACHGRENZEN

Bei der Rückkehr nach Griffen war Peter Handke fünf Jahre alt. Nach den drei Jahren in Berlin fand sich das Kind plötzlich in eine dörfliche Umgebung und in eine zweisprachige Kärntner Region versetzt. Zu der sowieso sprachlich schwierigen Situation in den gemischtsprachigen Gebieten an der Grenze zu Slowenien – noch heute, 2007, werden im Haider-Kärnten in den gemischtsprachigen Gebieten die gesetzlich vorgeschriebenen zweisprachigen Ortstafeln verhindert – kam noch das «Berlinerisch», die Sprache des Vaters, die dem Sohn in dieser neuen Umgebung bewusst wird.[26] Ein Dilemma, das dem, der daran nicht irrewird und in Stummheit verfällt, zu einem geschärften sprachlichen Bewusstsein verhelfen kann. Die Grenzen der Sprachen sind zu überschreiten, man kann von einer in die andere Sprache wechseln, oft mitten im Satz, es gibt «grenzüberschreitende» Wörter, die im Slowenischen wie im Deutschen verwendet werden (Hans Widrich)[27], und es kann aus diesem Übergängigen der Sprachen die Idee einer die Differenzen aufhebenden Schriftsprache entspringen, das Vaterwort des Erzählens als die schönste Fremdsprache im eigenen Land, von der in der *Wiederholung* die Rede ist. Und damit ist nicht die Sprache des Ziehvaters des Schriftstellers gemeint,[28] sondern die Utopie eines wunderbar reinen und bedächtig gesprochenen Deutsch: *Sonst aber sprach er,* heißt es in der *Wiederholung* vom slowenischen Vater des Erzählers, *wenn er nicht überhaupt stumm blieb, nur deutsch, ein Deutsch ohne den geringsten Dialektanklang, das sich auf die ganze Familie übertrug, und für das ich später, wo immer im Land, zur Rede* gestellt wurde, als handle es sich um eine verbotene Fremdsprache. (Mir freilich ist dieses fremdelnde, ernste, mühsam ein jedes Wort bedenkende und in ein Bild verwandelnde Deutsch-Sprechen des Vaters im Ohr als die klarste, reinste, am wenigsten verballhornte und am meisten menschenähnliche Stimme, die ich zeitlebens in Österreich gehört habe.)[29]

UMSPRINGBILDER, SPRÜNGE, VERSETZUNGEN

In einem Interview stellt sich der Autor die Frage, ob nicht die *Sachen*, die ihn *zum Schreiben bringen, Doppelgänger, Verstorbene, Schwellen* und die *Umspringbilder*, mit den plötzlichen Versetzungen in seiner Kindheit zu tun haben. Seine obsessive Vorstellung eines Doppelgängers sei *gekommen*, nachdem er mit seinen *Eltern aus Ostberlin zurück nach Kärnten zum Teil geflüchtet, zum Teil gereist war, 1948, seitdem* er *die doch bestimmende Kindheitslandschaft, die die Großstadt gewesen war*, verlassen habe: *Auf dem Land, muß ich sagen, ist sie aufgetaucht, diese Doppelgängervorstellung, in diesem bäuerlichen, katholischen, damals noch hauptsächlich slowenischen Südkärnten.*[30] Immer wieder kommt Handke in seinem Schreiben – schon als Jugendlicher in biographischen Aufzeichnungen und Schulaufsätzen, dann in einem Gedicht von *Die Innenwelt der Außenwelt der Innenwelt* (1969)[31], danach wieder in *Wunschloses Unglück* – auf diese fluchtartige Übersiedlung zurück, die, so Adolf Haslinger, bei Handke am «Anfang allen Schreibens steht»[32]. In seiner *Kleinen Rede über die Stadt Salzburg* (1986) hat Handke diese *Sprünge, Versetzungen* oder *Fälle* geschichtlich aus dem Zerbrechen der Kontinuitäten im Krieg hergeleitet. *Es gibt Lebensläufe, bei denen im großen und ganzen eintrifft, was durch Geburt, Herkunft und Umgebung vorgezeichnet ist. Das ist wohl, zumindest in einer Friedenszeit, die Regel. Daneben gibt es seltsame Leben, die man weniger «Läufe» nennen kann als «Sprünge», «Versetzungen» oder «Fälle».*

So ein Fall bin vielleicht ich.[33]

Die späten großen Epen *Niemandsbucht, Bildverlust, Kali* zeigen eine Welt der Flüchtlinge, die im Bild der nie zur Ruhe kommenden, immer weiter flüchtenden Wildtauben in *Lucie im Wald mit den Dingsda* (1999) auf ergreifende Weise dargestellt ist.[34]

Stift Griffen: der Friedhof, rechts die romanische Kirche,
unten das romanische Portal der Friedhofskirche

BILDER DER KINDHEIT

Könnten nicht auch das bewusstere Erleben von Landschaft, die Aufmerksamkeit für Landschaftszeichen und -formen, der Blick für die besondere Struktur von Topographien mit den früh erlebten, scharf kontrastierenden Kindheitslandschaften zu tun haben? Ein schärferer Kontrast als der zwischen dem Berlin des Nachkriegs und der ländlichen Welt Griffens ist schwer denkbar. Heute noch erscheint einem das Dorf Griffen mit dem Schlossberg, dem Stift, der Kirche, dem Friedhof, von einer alten Wehrmauer umschlossen, den großen Kastanien, unter denen sich drei Wege kreuzen, wie ein verlorener Traum.

Bilder der Evangelisten an der barocken Kanzel der Friedhofskirche, Markus als Leser, Lukas als Schreiber

Peter Handkes Kindheit fiel in eine Zeit, in der noch keine elektronischen Zeichen und Bilder kursierten und die Häuser der Ärmeren, sieht man vom Kalender der örtlichen Gemischtwarenhandlung ab, bilder- und bücherlos waren. *Ich bin aufgewachsen in einer kleinbäuerlichen Umgebung, wo es Bilder fast nur in der Pfarrkirche oder an Bildstöcken gab*, heißt es in *Die Lehre der Sainte-Victoire* (1980).[35] Die Kirche war der Ort des Buchs, der Schrift und der Bilder, die man eine Messe oder Andacht lang vor Augen hatte. Die Fra-

ge, ob das Studium des romanischen Kirchenschiffs von Griffen die Psychoanalyse ersetzen kann, wie es Handke in *Phantasien der Wiederholung* vorschlägt[36], braucht man nicht ganz ernst zu nehmen und wird trotzdem erstaunt registrieren, wie viele Bilder der Schriftkultur im Kirchenraum zur Innenwelt seines Schreibens geworden sind.

Gymnasium und erste literarische Veröffentlichung 1954–1961

Auf eigenen Wunsch wechselt der Elfjährige aus der zweiten Klasse der Hauptschule in Griffen in das bischöfliche Stiftsgymnasium in Tanzenberg über. Er legt die Aufnahmeprüfung ab und tritt im September 1954 in die zweite Gymnasialklasse ein. Er wohnt nun im Knabeninternat «Marianum»; in den Schlafsälen standen damals noch fünfzig Betten, kein Platz für sich, sogar das gemeinsame Ausgehen bewacht. Wieder eine schockartig erfahrene ‹Versetzung› – *Ausgesetztwerden ins Internat*[37] –, auch wenn er selbst diesen Wechsel wollte.[38] In wenigen Monaten holt er das versäumte Jahr in Latein nach. Im dritten Jahr kommt Griechisch dazu. Er wird die klassischen Sprachen so gut beherrschen lernen,

Blick auf Stift Tanzenberg, nördlich von Klagenfurt in der Nähe von Maria Saal gelegen. In «Mein Jahr in der Niemandsbucht» (S. 107) beschreibt der Autor-Erzähler den «Schock seinerzeit bei dem Anblick des Internats, womit ich hiebgleich von der vertrauten Welt getrennt worden bin, jenes Zwingbaus, von tief unten gesehen, welcher eine ganze Hügelkuppe einnahm».

Tanzenberg, 1957. Neben dem literarisch interessierten Deutschprofessor Reinhard Musar der Gymnasiast Peter Handke

dass er in seinen Übersetzungen von Aischylos und Sophokles über die Jahrhunderte hinweg Friedrich Hölderlin am nächsten steht, dem griechischsten aller deutschen Dichter und unkonventionellsten Übersetzer des Sophokles.[39]

In der *kältesten Fremde* des Internats findet er einen Deutschlehrer, Reinhard Musar, der, als Lehrer in der Schule ähnlich isoliert wie der Schüler, zu seinem literarischen Mentor wird.[40] In einem Turmzimmer des Stifts soll Handke auf einer alten Schreibmaschine seine ersten Texte getippt haben.[41] Im Frühjahr 1959 nimmt er an einem «Schüler-Literaturwettbewerb» in Klagenfurt teil und wird ausgezeichnet. Die «Kärntner Volkszeitung» druckt zwei seiner Texte ab: in der Ausgabe vom 13. Juni 1959 die Erzählung *Der Namenlose* und am 14. November 1959 *In der Zwischenzeit*. Der erste veröffentlichte literarische Text Peter Handkes, *Der Namenlose*, ist eine traumartige Prosaerzählung, in der es, obwohl davon nicht direkt die Rede ist, um die Entscheidung für den Weg der Kunst geht, der das schreibende Ich aus allen vertrauten Beziehungen herausführt. Der Schreibende muss zum namenlosen Ich werden und sich einen anderen Namen – den Autor-Namen? – finden. Ein jugendlicher Ich-Erzähler folgt einem blinden Ansichtskartenverkäufer wie einem unheimlichen Antipoden aus einer anderen Hemisphäre, einer Vorgänger-Gestalt, die an Homer erinnert, die für Handke prägende Imago des blinden Dichters. Ihm kam vor, *nur ein großer Mann könne seinen Namen suchen, und alle blinden Männer sind groß.* Der Jugendliche reißt sich die eigenen Augen aus, überlässt seinen Namen und seine Augen dem Blinden und wird zum Niemand: *Hoch über mir im Wind zogen namenlose Männer vorbei, und dann war ich selbst blind wie sie und machte mich auf, meinen Namen zu suchen.*

Im Herbst 1959, im Jahr seiner ersten literarischen Veröffentlichung, verlässt Peter Handke das bischöfliche Stiftsgymnasium Tanzenberg. Es waren in einem vordergründigen und in einem viel tiefer reichenden Sinn literarische Gründe, die seinen Austritt aus der Priesterschule bewirkten. Es ging um sein «Seelenheil». Er wird wegen der unerlaubten Lektüre zweier in Klagenfurt gekaufter Rowohlt-Taschenbücher – «Die Kraft und die Herrlichkeit» und «Das Herz aller Dinge» von Graham Greene – verwarnt und

In einem Brief an Reinhard Musar, Chaville 1995, erinnert sich Handke an den «Ostturm, wo sich hoch oben eine kaum zugängliche Bibliothek befand», zu der ihm der Pater Spiritual, «der die Bibliothek verwaltete, [...] eine Tür offen ließ, zum wirklichen Lesen», sodass er dort «etwa Charles Dickens las, und las, und las». (Peter Handke. Eine Ausstellung über Leben und Werk des Schriftstellers. Stift Griffen 1997, S. 31)

nimmt diese Verwarnung zum Anlass, aus der geistlichen Internatsschule auszutreten. Der selbstbestimmte Weggang war Flucht
vor dem Priesterberuf und Entscheidung für die Literatur als seine Erziehungsinstanz: *So bin ich eigentlich nie von den offiziellen Erziehern e r z o g e n worden, sondern habe mich im- mer von der Literatur verändern lassen,* schrieb Handke zehn Jahre später in seinem Essay *Ich bin ein Bewohner des Elfen- beinturms.*[42] Dass im Tanzen- berger Internat nicht nur sein literarisches «Seelenheil» auf dem Spiel stand, zeigt noch die Jahrzehnte spätere Journal-Eintragung: *Oft, daß ich denke: «Im Internat bin ich vernichtet worden» (sind wir alle vernichtet worden) (24. Dez. 1987, Nauplion).*[43]

«William Faulkner war bis zu meiner ‹Volljährigkeit› mein ‹Firmherr›», notiert Peter Handke am 21. Juni 1983 (Am Felsfenster morgens, S. 83); in «Ich bin ein Bewohner des Elfenbein- turms» rechnet er ihn unter seine Erziehungsinstanzen; in den «Phanta- sien der Wiederholung» heißt es: «Ich bin erlöst – seit ich mit fünfzehn William Faulkner las –, und ich bin seitdem immer wieder erlöst worden» (S. 95). Später wird Handkes Blick auf Faulkner kritischer. In einem «Zeit»- Gespräch mit Martin Lüdke sieht er die Gefahr, «allzu sehr in den Sog von Faulkner zu geraten», dessen mythische Rhetorik ihm nun fragwürdig erscheint. Er nennt Faulkners «Beschwörung einer Versunkenheit, einer Vergangenheit, das nicht erlittene Mythologisieren» Haltungen, die anders gerichtet sind als die eigene Arbeit am Familienmythos und an der Welt seiner Herkunft.

Mitten im Schuljahr 1959/60 wurde Peter Handke im Klagen- furter Bundesgymnasium aufgenommen und fuhr nun jeden Tag die 35 Kilometer mit dem Bus von Griffen in die Kärntner Landes- hauptstadt und wieder zurück. Wenn später in seinen Büchern vom Unterwegssein in öffentlichen Verkehrsmitteln, in Bussen vor allem, die Rede ist, wird jene Befreiung vom Herbst 1959 mit- schwingen in der Utopie der gemeinschaftlichen Fahrt in einem öffentlichen Raum, wo jeder für sich sein kann und doch unter den anderen ist, dem Zwang von Arbeit und Schule für die Dauer der Fahrt entronnen. Staunenswerte Epopöen wird der Schriftstel- ler der Fahrt in den Autobussen widmen, als wären sie utopische Staatsschiffe. Nicht selten werden Frauen am Steuer sitzen, einmal, in einem Traum, war sogar die Mutter *der Autobuschaffeur, der ihn in der Nacht vom Dorf in die Stadt zum Zug brachte*[44]; und das Schreiben wird er rühmen als das große, geräumige Fahrzeug des Erzählens: *Erzählung, geräumigstes aller Fahrzeuge, Himmelswagen.*[45]

Im Juni 1961 legte Peter Handke in Klagenfurt am humanistischen Bundesgymnasium das Abitur ab, im Zeugnis in jedem Fach ein «Sehr gut», nur in Turnen ein «Gut». Die schriftlichen Abiturthemen in Deutsch – «Welche Filmtypen haben sich im Laufe der Zeit entwickelt und was sagen sie Ihnen?» – und in Griechisch – die Übersetzung eines Homer-Textes – werden ihn nie zu beschäftigen aufhören. An die verschiedenen Filmtypen wird der Autor noch zurückdenken, wenn längst mit den Land- und Stadtkinos deren Vielfalt verschwunden ist und der passionierte Kinogeher und Filmemacher sich nurmehr an jenes Ganze erinnern kann, das das Kino noch in den 1950er und 1960er Jahren war.[46]

Homer spielt gleich im ersten Roman, *Die Hornissen* (1966), eine Rolle, wenn Gregor Benedikt die Imago des blinden Erzählers für sich in Anspruch nimmt oder wenn in einer homerischen Sprachtravestie das häusliche Geschirrabwaschen wie ein heroisches Ereignis besungen wird.[47] Auch die vielen Eintragungen in den Notizbüchern belegen, dass Homer für Handke ein Lehrer des Schreibens bleibt, das alte, immer neue Testament der Literatur: *Kein Jesus soll mehr auftreten, aber immer wieder ein Homer.*[48] In der letzten Einstellung des Filmbuchs *Der Himmel über Berlin* sieht man Homer sogar mit dem aufgespannten Regenschirm gehen wie im ersten publizierten Text in der «Kärntner Volkszeitung»: *HALBNAH, außen, tags (10 Sek.) (Kamerafahrt vorwärts) Homer, von hinten gesehen, der mit aufgespanntem Regenschirm spazierengeht in der Köthener Straße, Richtung Mauer. […] GEDANKENSTIMME HOMER. Nenn mir die Männer und Frauen und Kinder, die mich suchen werden, / mich, ihren Erzähler, Vorsänger und Tonangeber, weil sie mich brauchen, wie sonst / nichts auf der Welt.*[49]

Nach dem Abitur im Sommer 1961 lernt Peter Handke seinen leiblichen Vater, Ernst Schönemann, kennen. In den Ferien vor dem Beginn des Studiums fährt er zum ersten Mal nach Jugoslawien, auf die Insel Krk. Im Herbst schreibt er sich an der Universität Graz für das Studium der Rechts- und Staatswissenschaften ein. Er folgt damit dem Vorschlag des Deutschprofessors vom Tanzenberger Stiftsgymnasium, mit dem er auch nach seinem Weggang verbunden blieb. Der riet ihm zu diesem Studium, weil es ihm die meiste Zeit zum Schreiben lasse.[50]

Graz 1961–1966

Im Oktober 1961 beginnt Peter Handke in Graz das Studium der Rechts- und Staatswissenschaften. Er bezieht ein Untermietzimmer in Graz-Waltendorf, Am Rosenhang 7, ein kaltes, nordseitig gelegenes Zimmer, das nicht teuer ist. Er ist auf die finanzielle Unterstützung durch die staatliche Studienbeihilfe angewiesen – «Ermäßigung nach Stufe: eins», lautet die Semester für Semester wiederholte Eintragung in seinem Studienbuch [51] –, bekommt Unterstützung von zu Hause, dazu gibt er Nachhilfestunden in Latein und übernimmt wochenweise Schichtarbeit im Grazer Versandhaus Kastner & Öhler.

Graz, die Landeshauptstadt der Steiermark, mit einer Viertelmillion Einwohnern die zweitgrößte Stadt Österreichs, wurde auf dem Gebiet der Literatur in den 1960er Jahren wichtiger als Wien. 1960 hatte das Forum Stadtpark ein neues Haus bezogen, das bald zum Mittelpunkt einer weit ausstrahlenden Kunst- und Literaturszene wurde. Die im selben Jahr gegründeten «manuskripte» avancierten zur wichtigsten Literaturzeitschrift der österreichischen Avantgarde. «Wie die Grazer auszogen, die Literatur zu erobern», unter diesem Titel resümierte die «edition text + kritik» 1975 die Entstehung einer österreichischen Weltliteratur in den 1960er Jahren. [52]

In den ersten beiden Jahren seines Aufenthalts hatte der Jurastudent kaum Kontakte zur Grazer Literaturszene. Die Mutter in Griffen war die wichtigste Adressatin seiner literarischen Arbeit. *Zum Schreiben (Du weißt, welches Schreiben ich meine) habe ich im Augenblick keine Lust, denn es ist nur kalt, und auch zuviel andere Gedanken, leider,* schreibt er ihr im ersten Brief am 20. Oktober 1961. [53] Und sie schreibt im Antwortbrief am 22. Oktober, dass sie, seit er von zu Hause fort ist, «keine Zeile gelesen» hat; «ich sehe mich, ohne Deine rettende Hand, blitzschnell zurücksinken in die tierische Primitivität meiner Familie» [54]. So beginnt ein Briefwechsel, von dem Adolf Haslinger sagt, dass er «wie keine andere Quelle» von Handkes «Anfängen als Schriftsteller erzählt.» [55] Neben der Be-

Der Jurastudent in Graz, 1965

schreibung der Sorgen um das Geld, der Probleme mit dem Heizen und der Wäsche, den Erkundigungen nach den jüngeren Geschwistern zu Hause in Griffen findet man in den Briefen die Sprachkrisen und Identitätsprobleme des Autors als junger Mann. Hier schreibt nicht wie bei Hugo von Hofmannsthal ein «Lord Chandos»[56] an den berühmten Francis Bacon, sondern ein von Geldnot geplagter Student teilt seiner Mutter, einer Arbeiterfrau in einem Kärntner Dorf, die Sprachprobleme mit, die ihm das Briefeschreiben schwermachen: das Problem der *Worte, die einem auf der Zunge sind und die herunterlaufen ohne Gedanken in einem Schema,* Wörter, die nicht mehr das meinen, *was sie bezeichnen, weil nichts dabei ist außer der Hand, wenn sie geschrieben werden.* Darum falle es ihm schwer, *einen Brief zu schreiben, der kein geschäftlicher sein soll, sondern ein anderer. Je länger man aufwächst, desto mehr sind einem schon alle Worte und Wendungen der Sprache eingebaut […], ich meine, sie werden glatt und berühren nichts, Du schluckst sie dann, ohne sie zu spüren […].*[57]

In den Briefen kommt auch eine andere, sehr persönliche Schwierigkeit zum Ausdruck: dass der Sohn nicht die «rettende Hand» für die Mutter sein kann, sich abgrenzen muss gegen ihre große, vereinnahmende Liebe, die ihr selbst manchmal bedenklich erscheint und die ihn ärgern muss – und die sie ihm trotzdem mitteilt.[58] Er versucht dagegen, im befreienden Spiel der Sprache den notwendigen Abstand herzustellen, den er braucht, so ernst es ihm mit der Mutter ist und immer sein wird:

Liebe Mama, [...] Ich finde nicht, daß meine Briefe so unpersönlich sind, nur weil Du vielleicht kein nettes Wort darin findest: ich weiß ja nicht, was für Dich ein nettes Wort ist: daß ich Dich gern habe wie weiß der Teufel was, daß du ein blödes Ding bist, daß Du klug bist, daß Du nicht klug bist, daß ich Dich fein finde manchmal, und manchmal wie ein Eichhörnchen, und daß ich dankbar bin, daß Du da bist und meine Wäsche in Ordnung hältst, und daß ich Dich mag und daß ich Dich mag und daß ich Dich mag: und daß ich eine Wut habe auf Dich, wenn du so herumjammerst [...]. Er ruft ihr die ‹Dinge› in Erinnerung, worüber sie einander doch sonst schreiben: *Als ob das unpersönlich wäre, über Dinge zu schreiben, die man sonst niemandem sagen kann, die sonst keinen angehen, die man seltsam und befremdend findet.*[59]

Eines der Dinge, das sie miteinander verbindet, ist sein Schreiben – *Du weißt schon, welches Schreiben ich meine*[60]. Die Mutter ist die erste Leserin seiner literarischen Arbeiten: *Im übrigen habe ich auch wieder einmal die nötige Narrheit aufgebracht, eine Erzählung zu schreiben. Ich halte sie für gut. Ich hoffe, sie Dir, wenn ich sie zu Hause abgeschrieben habe, vorlegen zu können,* teilt er ihr am 21. März 1962 mit, bevor er für die Osterferien nach Griffen heimfährt.[61] Die *nötige Narrheit* des Schreibens steckt bereits im Dazwischen seiner Brief-Prosa, im Übergängigen von Brief und Dichtung. Manchmal schreibt er ihr Beobachtungen, die einem *seltsam und befremdend* erscheinen, so seltsam und befremdend eben – wie Literatur. Im Brief vom 4. März 1962 erzählt er der Mutter, als es noch einmal Schnee gab, von der Sonne, die singt, und vom *Gelächter* der Vögel im Schnee vor dem Fenster, und man denkt an das Werk des Schriftstellers, das immer neu die Freude am Schnee und am Schneien erwecken wird, das Schreiben sogar als dem Schneien verwandtes «Gestöber der Lettern» (Walter Benjamin) versteht, den Schneefall zum Wendepunkt einiger Geschichten macht und überhaupt im Erzählen den Trost des Schnees beschwört – *Snow, keep on falling*[62].

Drei Wochen später beschreibt er ihr einen Platz an der Mur im Süden von Graz. Wieder beginnt im Übergang zum literarischen Schreiben, das die Briefe darstellen – er hat diesen Übergang in einer kleinen ‹Brieftheorie› reflektiert[63] –, die Natur zu singen, wieder seltsam und befremdend und einfach so: *[...] und ich saß da und schaute allem zu: wie das kahle Schilf, das der Herbst*

einsam hier verlassen hatte, in seichtem Wasser stand und sang, und ich
hörte, wie es sang und plötzlich verstummte und wie es von neuem zu
singen begann, weder laut noch leise, sondern einfach immerzu wie ein
Chor von aneinandergebundenen blinden betrunkenen alten Männern,
die keine Worte mehr formen können, sondern nur an einem Ort hin und
herschwanken und mit den schwerfälligen Zungen sirren und summen –
einfach so, verstehst Du? Ich war bis heute schon sechsmal dort; ich habe
auch versucht, am Flußufer zu lernen.[64]

ALFRED HOLZINGER
UND ALFRED KOLLERITSCH

Von 1963 an werden die literarischen Kontakte und die sich meh-
renden Publikationsmöglichkeiten häufiger zum Gegenstand der
Briefe. Damit geht aber auch die Beurteilung der literarischen Arbeiten von der Mutter auf die professionellen Vertreter der literarischen Institutionen über, denen er nun seine Texte vorlegt und
die ihm weiterhelfen. Vor allem sind das Alfred Holzinger, der Lei-
ter der Abteilung für Literatur in «Studio Steiermark»[65], und Alfred Kolleritsch, der Herausgeber der Zeitschrift «manuskripte».
Holzinger ermöglichte ihm die Arbeit in einem neuen Bereich
zwischen Literatur und Publizistik – Radio-Feuilleton, Rezension,
Funk-Dramatisierung –, die außerdem nicht schlecht bezahlt war.
Anfang 1964 erscheinen dann sowohl im «Studio Steiermark»[66]
wie in der Zeitschrift «manuskripte» zum ersten Mal Texte von
Handke. Es ist die Nr. 10 (Februar/Mai 1964) mit der Erzählung
Die Überschwemmung, ein «manuskripte»-Heft, in welchem nicht
wenige österreichische Autoren vertreten sind, die für Handkes
Werk wichtig bleiben: Ilse Aichinger, Wolfgang Bauer, Konrad
Bayer, Heimito von Doderer, Barbara Frischmuth, Ernst Jandl, Al-
fred Kolleritsch.[67] Auch dass die «manuskripte» eine Zeitschrift
für Texte und Bilder sind, weist seinem offenen Verhältnis zur
Bildenden Kunst die Richtung. Eine der ersten Freundschaften im
Umkreis der Zeitschrift und des Grazer Forums Stadtpark schließt
er mit dem Maler Peter Pongratz, der später eine Zeitlang bei ihm
in Paris wohnen wird.[68]

Für die Erweiterung des theoretischen Horizonts und für den
kritischen Blick des angehenden Autors ist die Bedeutung der für
die «Bücherecke» von «Studio Steiermark» geschriebenen sech-

Eine Auswahl der für die «Bücherecke» von «Studio Steiermark» bespro-
chenen Bücher, die indirekt und direkt in Handkes späterem Werk eine Rolle
spielen: Marguerite Duras: Ganze Tage in den Bäumen (9. 11. 1964); Sigmund
Freud: Der Mann Moses (21. 12. 1964); Hermann Lenz: Die Augen des Dieners
(18. 1. 1965); Maurice Blanchot: Warten Vergessen; Walter Benjamin: Zur
Kritik der Gewalt; Virginia Woolf: Mrs. Dalloway (26. 4. 1965); Theodor
W. Adorno: Jargon der Eigentlichkeit; Noten zur Literatur III; Herbert Mar-
cuse: Kultur und Gesellschaft I (31. 5. 1965); Joseph Conrad: Über mich selbst
(5. 7. 1965); Roland Barthes: Mythen des Alltags; Boris Eichenbaum: Aufsätze
zur Theorie und Geschichte der Literatur (11. 10. 1965); Kurt Fassmann:
Brecht-Biographie (29. 11. 1965); Herbert Marcuse: Kultur und Gesellschaft
II (17. 1. 1966); Konrad Bayer: Der Kopf des Vitus Bering; H. C. Artmann:
Verbarium; Georges Poulet: Zeit und Raum bei Marcel Proust; Hans Mayer:
Anmerkungen zu Brecht (12. 9. 1966) Die Zusammenstellung aller Rezen-
sionen findet sich bei Georg Pichler: Die Beschreibung des Glücks, S. 191 f.

zehn Rezensions-Sendungen (vom 9. November 1964 bis zum
12. September 1966) nicht zu überschätzen. Weil sich in ihnen
jugendliche Erfahrung und konstruktives Bewusstsein durchdrin-
gen, wirken sie heute noch lebendig.

«Aufs Ganze gehen»: der erste Roman

In einer Diskussion im Anschluss an die Lesung des österreichischen Schriftstellers Herbert Eisenreich im Grazer Forum
Stadtpark, am 11. Juni 1963, wurde im Publikum die Forderung
nach einem neuen österreichischen Roman erhoben. Wer denn
diesen Roman schreiben solle, fragte Eisenreich vom Lesepult aus.
Darauf habe sich Peter Handke von der Wand, an der er lehnte,
gelöst und «Ich!» gesagt. Die von Alfred Kolleritsch in mehreren
Varianten überlieferte Anekdote[69] klingt glaubhaft, jedenfalls
enthält sie jene Unbedingtheit des Wollens, die dem Autor noch
vierzig Jahre später im Gespräch mit Peter Hamm gegenwärtig ist,
wenn er an seinen ersten Roman denkt. Als das Ende des Jurastudiums näher rückte, sei ihm die Berufsaussicht *wie eine totale Aus-
weglosigkeit* erschienen. In einem Zustand von *äußerster Not* habe
er *neu angefangen zu schreiben und gedacht: wenn einmal im Leben – ich
war zwanzigeinhalb, einundzwanzig Jahre alt –, muß ich jetzt aufs Ganze gehen [...]. Und dann habe ich meinen ersten Roman geschrieben.*[70]

Eine erste Fassung war im Frühherbst 1964 fertig. Im November 1964 gab es eine Lesung «aus dem Manuskript des Romans»[71],
und die Zeitschrift «manuskripte» übernahm zwei Abschnitte

zur Publikation. Am 31. Januar 1965 berichtete er der Mutter, dass er *wieder* mit einer Überarbeitung *fertig geworden* sei – *(zum wievielten Mal?)*. In diesem Brief teilte er ihr auch mit, dass er das *erste Manuskript [...] an einen deutschen Verlag geschickt* habe – *bis jetzt keine Antwort*[72]. Im August 1965 wurde der von anderen Verlagen abgelehnte Roman bei Suhrkamp zur Publikation angenommen, erschienen ist *Die Hornissen* Anfang März 1966. Zu diesem Zeitpunkt hatte der Autor bereits sein Studium abgebrochen und war freier Schriftsteller.

Die Kritik hat sich zunächst wenig für den Roman interessiert.[73] Erst nach Handkes ‹Auftritt› in Princeton wurde er in vielen Zeitungen besprochen. Der Tenor der Rezensionen: Sprachexperiment, formal überanstrengt.[74] Im Gegensatz dazu betonte der Autor, wenn er zu seinem ersten Roman befragt wurde, weniger das formale Sprachexperiment als die Elemente eines Erinnerungsromans: Ein Mensch, *der im Krieg noch ein Kind war, [...] liegt da und erinnert sich an die Begebenheiten, die damals im Krieg vor sich gegangen sind.* Der jugendliche Erzähler sei erblindet und warte auf den vermissten Bruder. *Das ist so ein Trauma, daß der damals nicht mehr heimgekommen ist. Und an diesem Sommertag, als er so im Halbschlaf daliegt, da muß er kommen. [...] Das vermischt sich dann, diese*

Auf der jugoslawischen Insel Krk, wo Peter Handke an seinem ersten Roman «Die Hornissen» schrieb, Sommer 1964

Angstzustände, die er als Kind gehabt hat im Krieg, vor den Bomben.
Das ist eigentlich so eine Übersetzung hier, wie diese Bombenflugzeuge
auf solch ein Kind gewirkt haben [...].[75]

Eine wichtige erzählerische Funktion in *Die Hornissen* nimmt
die Erinnerung an ein verlorenes Buch ein. Das nurmehr bruch-
stückhaft im Gedächtnis gegenwärtige Buch zeigt die traumatische Struktur, die den Roman insgesamt prägt. Die Namen, das
Haus, die Landschaft im Roman lassen an Handkes Geburtshaus
in Griffen denken. Dorthin zurück weist auch die Trauer um den
Verlust der Brüder, das inständige Warten auf eine doch noch er-
folgende Rückkehr. *Wie kann ein Außenstehender wissen, daß er da-*
mals, als seine Brüder vermißt waren, vor dem, was kommen würde,
sich behalf, indem er sich mit einem Brot in den Schlaf stopfte, damit sie
vielleicht da wären, wenn er erwachte, so wie er jetzt, indem er weggeht,
sein Bewußtsein von dem Orte abschließt, an dem sein Bruder, den er
erwartet, ankommen könnte[76].

Peter Handkes erzählerische Befreiungsarbeit setzt bei seiner
eigenen Herkunftswelt an. Der stumme Bann, der über allem liegt,
wird sowohl durch das literarische Modell der Indirektheit (das
verlorene Buch) als auch durch die Wiederholungs- und Reihungs-
verfahren aufgelockert, in denen die slowenischen Litaneien der
Kirchenandachten durchzuhören sind.[77] So werden zum Beispiel
die Ortsnamen entlang der Überlandleitung spielerisch aneinan-
dergereiht, wie in der Konkreten Poesie oder wie in einer Litanei
oder wie in einem Sprachatlas von Südkärnten. Aber am Ende
dieser Litanei der Ortsnamen – Gruden, Schlanz, Ritsch, Polosch,
Tschernoglau usw. – steht der Erzähler an einem Strommast, *das*
Ohr an die Traversen gelegt, über ihm *das Dröhnen und hartflügelige*
Schwirren, bis er *nichts mehr von den Bombern* hört.[78] Ein Sprachatlas, der die Welt stimmhaft werden lässt, sie zum Tönen bringt,
dass endlich *nichts mehr von den Bombern* zu hören wäre. In seinem
Zimmer im Elternhaus hat der blinde Erzähler die Gewissheit, *sei-*
ne Stimme würde, *wenn sie ihm nur aus dem Mund kommt*, in einen
lange mit Sorgfalt ausgegrabenen Schacht stürzen, der sie tönend und
bedeutsam macht, was immer er jetzt redet; [...] er braucht nur den
Mund aufzutun und zu reden. Der Raum, in den er spricht, antwortet
mit einem Echo.[79] Dieser *lange, mit Sorgfalt ausgegrabene Schacht*, der
die Sprache der Literatur ist – «*unter der Erde gepflügt*», heißt es in

«Je k smerti obsojen: fing ich an meinem Standort die fremde Mundart zu
lesen an; useme te krish na suoie rame: fuhr mein Bruder vor der zweiten
Station zu sprechen fort; pade prauish pod krisham: fuhr ich fort; srezha
svoie shalostno mater: fuhr er fort; pomagh krish nositi: fuhr ich fort;
poda petni pert: fuhr er fort; [...] je od krisha dou uset inu na roke Marie
poloshen: fuhr ich fort; bo u grob poloshen, las er zu Ende. Hast du's
gehört? fragte ich.»

«Die Hornissen», S. 64, eine der vielen litaneienhaften Sprachreihen im Roman,
hier mit den slowenischen Beschriftungen der Kreuzwegstationen in der Kirche von Griffen

Die Lehre der Sainte-Victoire[80] –, konnte in Handkes Herkunftswelt
viele sprachliche Echos aufnehmen und zum Tönen bringen: die
slowenische Kirchensprache, die lateinischen Messtexte, die antiken Sprachen, deren Kenntnis der Autor aus dem geistlichen
Gymnasium mitbrachte, das Berlinerisch des Vaters, das Slowenisch, das der Großvater und die Mutter noch sprechen konnten,
den kärntnerdeutschen Dialekt und nicht zuletzt die alles verbin-
dende, von Dialektanklängen freie Sprache der von früh an gelesenen Bücher.[81]

UNVERDRÄNGBARE WUT

Wie andere große Erstlingswerke in der Literaturgeschichte zeigt
Handkes erster Roman eine nicht geheure Radikalität. Als würde
das schreibende Ich ins *Zentrum der Gegenstände und Geschehnisse
selber* vordringen, zum *Zucken der leblosen Dinge*, wie der Autor in
dem von ihm verfassten Klappentext seines Buchs schrieb.[82] Ein-
zelne Passagen stellen einen Schmerz dar, der in der Sprache magische Züge annimmt. *Was ich aber jetzt sah, war nicht mehr außer
mir*, so beginnt die letzte Passage im Kapitel *Der Traum* – eine der
ungewöhnlichsten Stellen im Roman und in der Literatur nach
1945. Der so lang erwartete Bruder, *hört man*, sei krank aus dem
Krieg heimgekehrt. Aber der schwächliche Vater und die Männer
des Dorfs kümmern sich nicht um ihn. Vergeblich beschwört das
Traum-Ich den Vater und die anderen Männer, dass sie *endlich auf-
stehen* und den zurückgekehrten Bruder in das Zimmer bringen:
*Als es nun so war und als ich noch immer rundum in dem fahlen Raum
zu den Männern und sie anflehen ging, da fiel mich eine unverdrängbare
Wut an, so daß ich wegschauen mußte, und ich sah hinter den Fenstern
eine helle und farbige Nacht, und durch die Nacht sah ich eine noch nie
gesehene Brücke ziehen, und über die Brücke sah ich einen Autobus fah-*

ren, [...] und der Autobus war länger als ein Dorf und länger als ein Gü-
terzug und stieg dem Blick über alle Maße, so daß dem Schauen kein
Ende war.[83]

Dem jugendlichen Erzähler, der sich in seiner Wut – es ist die
Grundwut von Handkes Schreiben[84] – von der niederdrückenden
Väterwelt abwendet, öffnet sich in der traumhaften Imagination
der Blick in Handkes Werk, das es damals noch gar nicht gibt: die
Evokation von Helligkeit und Farbe; die *noch nie gesehene Brücke*,
über die alle nach Hause finden[85]; der märchenhafte, mehr als
dorfgroße Autobus, Handkes geräumiges Fahrzeug des Erzählens
mit seiner Utopie vom gemeinsamen Unterwegssein[86]. *Und wie-*
der hörte ich vom Hörensagen, geht die Traumerzählung im Tonfall
der Apokalypse weiter, *daß soeben mein Bruder in dem Schuppen, von*
dem ich augenblicks die im Sägemehl verschüttete Hacke und den durch-
einandergeworfenen Holzstoß sah, elendig verreckt sei[87].

Mit dem Gerücht vom Tod des Bruders verwandelt sich im
Traum der Autobus in einen riesigen Leichenwagen, drinnen, auf
einem waagrecht eingezogenen *Boden von frisch gehobelten pechigen*
Fichtenbrettern, liegt *dunkel der Bruder*. Und dann folgt ein für das Erzähler-Ich ungeheures Ereignis: seine Verwandlung in Sprache, keine Augen mehr zu haben und im Zorn ganz durchlässig zu werden
für den Jammer der leblosen Dinge: *was ich sah, sah ich nicht durch*
das Auge, sondern durch das Zucken der leblosen Dinge selbst, die ich nicht
mehr als anders und von mir entfernt spürte, weil sie, allein dadurch, daß
ich sie sah, mir die Adern aufrissen, als könnte dieses Leblose, sozusagen
indem es nicht mehr augenscheinlich war, für den, der es ohne Augen an-
schaute, vor Schmerzen zucken und diesen fremden Schmerz dem Schau-
enden mitteilen, und als sei der lächerliche Zorn in meinem Innern, wel-
cher die Nachbarn die Hände gebückt auf die Schenkel trommeln [...] ließ,
nur der unausrottbare, unaufhörliche Jammer dieser Dinge [...].[88]

SEINEN SCHRITT FINDEN

Am Schluss der *Hornissen* verwendet der Autor für die gefährdete
Situation eines Schreibens, das ins Freie führen soll, das einpräg-
same, vom Romanbeginn an vorbereitete thematische Bild[89] vom
Gehen auf brüchigem Grund. Der Erzähler sieht seinen Bruder
im Traum *über ein vereistes Schneefeld gehen* und kommentiert den
Gang über das dünne Eis mit Worten, die den Orpheus-Mythos in

die Zeit nach 1945 übertragen: Es gehe bei diesem Gang darum, *nicht aus dem Schritt* zu kommen. Der Gehende habe *die Ordnung der Bewegungen* zu finden, *die ihn herausführt. Wenn er gerufen wird, darf er nicht halten oder Antwort geben. Als ich ihn rief, blieb er stehen. Als ich in anrief, brach er ein [...]. Unter der Eisschicht ist der Schnee aus dichtem Staub.*[90]

Das erste Buch Peter Handkes, das sich mitten hineinbegibt in die bedrückende Herkunftswelt, sieht die Rettung in der sich leicht machenden Bewegung. Seinen Schritt finden, seinen Rhythmus, seine Balance, das ist die Kunst, welche den Bann löst, der über allem liegt, die Last erleichtert und herausführt aus der Nacht. «*Die Nacht spottet der Beschreibung*», heißt es in der vorletzten[91] Textpassage von *Die Hornissen. – Seine Sprache war das «Spiel», in dem er wieder «beweglich» wurde*, wird es in *Langsame Heimkehr* (1979) mehr als zwanzig Jahre später heißen, wenn sich Valentin Sorger der *Nacht des Jahrhunderts* ausgesetzt findet und sich mit der Sprache aus der Erstarrung zu befreien beginnt.[92] Und noch einmal mehr als zwanzig Jahre später, im Rückblick auf *Wunschloses Unglück*, am 26. April 2002, spricht der Autor im Gespräch mit Peter Hamm vom Schreiben in einem *Universum des Schmerzes*. Alle seine Bücher *handeln von diesem Schmerz: Deswegen zittert ja meine sogenannte Positivität. Deswegen gibt es vielleicht doch diesem und jenem, der das liest, Vertrauen, weil die Trauer und der Jammer und vielleicht sogar das heulende Elend immer ... nicht immer aber untergründig immer mitspielen [...]. Auf die Oberfläche dieses ... Jammertals ... muß man seine Planken legen, und dann darüberbalancieren, mit der Prosa.*[93]

Thomas Bernhards «Frost» (1963), der in der Zeit der Arbeit an «Die Hornissen» erschienene erste Roman Bernhards, sei für ihn «das Bestimmende» gewesen. Mit «Frost» «war in Österreich endlich das Gesäusel» weg, auf einmal sei «Österreich benennbar geworden», auf einmal wurde das «Land so hingeschlammt [...]. Mit den Gerüchen, den Geräuschen, mit dem Todesgrausen. Und das hat alles so eine Form [...]. Dieser Roman war das Bestimmende und bleibt das Bestimmende» (Interview mit Karin Kathrein. In: Die Presse, 5. Juni 1985). Dass trotz dieser Hochschätzung von Beginn an eine tiefgreifende Differenz zwischen den beiden zeitgenössischen Autoren besteht, hat mit Handkes Idee der Öffnung und Befreiung zu tun – «die völlig offene Fabel, bei der nichts sich verfestigt, aber auch nichts sich verflüchtigt, werde dem Leser zum Modell für mögliches Leben». (Aus dem vom Autor verfassten Klappentext zu «Die Hornissen»)

Komet und Literatur-Beatle

Kometenhaft» erschien den Journalisten der literarische Aufstieg Peter Handkes in der zweiten Hälfte der sechziger Jahre. Ein Bild und ein Wort spielten in der publizistischen Erfolgsstory eine besondere Rolle. Das Bild war ein Automatenfoto aus dem Jahr 1967, und das Schlagwort war «Der Beatle der Literatur».

Mit dem Automatenfoto aus dem Jahr 1967 hat Handke «seinen Ruf als erster Popstar der deutschen Literatur wenn nicht begründet, dann doch visuell untermauert», schreibt Christoph Bartmann in seiner Studie zu einigen signifikanten Handke-Fotografien.[94] Das Foto fasse die Handke-Wahrnehmung dieser Jahre – «‹Der scheue Beatle aus Kärnten›» – zusammen. «Der junge Mann hat die Augen niedergeschlagen, eine getönte Brille verbirgt sie noch mehr. Der Blick der Kamera wird nicht erwidert, der Fotografierte lässt sich in einem Zustand der Abwesenheit oder des Insichgekehrtseins, jedenfalls des Abstandhaltens beobachten.» Diese «Mitteilung

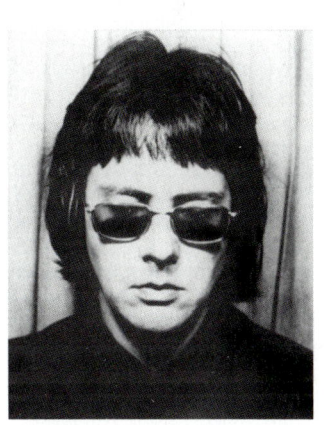

Peter Handke,
Automatenfoto 1967

der Scheu» – eine «aggressive Scheu» – wird noch die Gedanken der Heldin im Roman *Der Bildverlust* (2002) beschäftigen, wenn sie, ebenfalls eine auf *Abstand* bedachte Person, von den *Photographien des Autors von viel früher* spricht: *Der Abstand aber, den dieser Mensch (und sie sah in der Folge: nicht nur zu ihr) einhielt, war eine Art des Vor-den-Kopf-Stoßens. [...] Friedlich erschien er ihr, und zugleich reizbar, oder umgekehrt. Zu friedlich? Zu reizbar?*[95]

Das Foto des Autors mit dunkler Brille kann man auch in Verbindung bringen mit dem Motiv des blinden Dichters in *Die*

Hornissen: […] ich bin blind, das heißt, meine Augen sind blind […]. Aber ich kann mich, während ich mich verstecke, leicht […] vergessen[96], und nicht zuletzt sollte man sich bei dem bekannten Foto an die weniger bekannte Tatsache erinnern, dass dem Studenten vom Krankenkassenarzt eine dunkle Brille verschrieben wurde, nachdem er sich als Hilfsarbeiter im Grazer Versandhaus Kastner & Öhler im grellen Neonlicht eine Augenverletzung zugezogen hatte.

Die Evokation der Beatles und der anderen Pop-Gruppen und Pop-Sänger, ob Creedance Clearwater Revival oder Van Morrison, ist bei Handke keine schnell vergehende Mode, sie durchzieht das Werk in den Motiven, Zitaten und Motti seiner Bücher, und gerade die traurigen Bücher brauchen die Musik. In *Wunschloses Unglück* (1972), der Geschichte vom Leben und Sterben der Mutter, steht der Vers eines Songs von Bob Dylan als Motto am Beginn: *«He not busy being born is busy dying»*, aus «It's Alright, Ma» (1965); die *Winterliche Reise* nach Serbien (1996), die man als journalistisches Pamphlet missverstanden hat, wünscht sich der Autor wie eine Ballade von Bruce Springsteen erzählt; in *Nachmittag eines Schriftstellers* (1987) fragt sich der Autor-Erzähler, wenn er sich an seinem einsamen Schreibort wie von der Welt verlassen vorkommt: *Was bin ich? Warum bin ich kein Sänger – auch kein «Blind Lemon Jefferson?»*[97]

Zu «seinen» Sängern gehörte von den 1960er Jahren an auch Van Morrison. Schon im ersten gemeinsamen Film mit Wim Wenders, nicht zufällig ein Film über LPs – «3 amerikanische LPs» (1969, Buch: Peter Handke, Regie: Wim Wenders) – ist Morrison mit «Slim slow slider» vertreten; in «Versuch über den geglückten Tag» (1991) erinnert sich der Ich-Erzähler an ein Lied von einem geglückten Tag, «Van Morrison singt es, ‹mein Sänger› (oder einer von ihnen)» (S. 148); für den Film «Der Himmel über Berlin» (1987, Regie: Wim Wenders, Filmbuch gemeinsam mit Peter Handke) hat Van Morrison die Übersetzung des Eingangsmonologs – «Als das Kind Kind war» – vertont («Song of Being a Child», auf Morrisons LP «The Philosophers Stone»); in «Mein Jahr in der Niemandsbucht» (1994) ist Morrison in der «Geschichte des Sängers» mitzudenken. Er konnte dem Erzähler sagen, «was ein Lied war» – eben das, was, nach Fabjan Hafner, Handkes Begriff einer vielstimmigen, offenen Literatur ausmacht, ein «Lied», in dem sich hohe und populäre Kultur, Musik und Dichtung, Mythos und Philosophie, Naturlaut und Sprache verbinden.

Lucie im Wald mit den Dingsda (1999) hat als Motto John Lennons *«Picture yourself in a boat on a river»*, und im Titel steckt die Anspielung an «Lucy in the Sky with Diamonds».[98] Das Buch mit der jugendlichen Titelheldin, geschrieben vom beinah sechzigjährigen Autor, gibt die Erinnerung an die Musik der Beatles weiter an die nächste oder schon übernächste Generation.

DAS MANIFEST

Am Anfang der vielen musikalischen Subtexte und literarischen Verflechtungen mit der Popmusik steht das Beatles-‹Manifest› des dreiundzwanzigjährigen Studenten der Rechtswissenschaften und freien Rundfunkmitarbeiters in Graz: *Partei ergriffen wird für die Beatles*, so beginnt das ‹Manifest›, Handkes erstes Radio-Feuilleton, *und nicht nur für diese vier Jungen aus Liverpool, welche durch ihre Musik, durch ihr Gehaben, durch ihre Art, zu leben und sich zu geben, die Erde unsicher gemacht haben, sondern auch für die, welche durch die Beatles sich unsicher machen ließen. Denn es gehört Unbeschwertheit dazu, die Fähigkeit, ausgelassen zu sein, Vorurteilslosigkeit, Aufgeschlossenheit; Unbefangenheit, Lebhaftigkeit, Unruhe; andererseits, als Reaktionen, Widerwille gegen einen scheinbar unveränderlichen Lebenszustand, Trotz, Ungehorsam und die viel zitierte Langeweile.* (1964) [99]

Die Beatles waren ein «euphorisches Befreiungs- und Identifikationserlebnis», heißt es in Georg Pichlers Handke-Biographie «Die Beschreibung des Glücks» (2002), sie bedeuteten ein neues Weltgefühl, einen neuen Gang, eine neue Kleidung – sich erhoben fühlen. *Die Beatles-Stiefel trage ich ununterbrochen, das gibt mir ein großes Selbstbewußtsein*, schreibt Peter Handke am 31. Januar 1965 an seine Mutter.[100] Es ist, als wäre in den 1960er Jahren das Ende der Nachkriegszeit noch einmal – oder überhaupt zum ersten Mal – von einer neuen Generation bewusst erlebt worden. Die Beatles-Musik stellte für Handke das vorher so nie gehörte Exsulate jubilate der Befreiung dar, das er, im Rückblick der Erzählung *Versuch über die Jukebox* (1990), anheben hörte mit dem ersten Erklingen dieser *frechen Engelszungen*, die *mit ihrem mir nichts, dir nichts hinausgeschmetterten «I want to hold your hand», «Love me do», «Roll over Beethoven» alles Gewicht der Welt von ihm nahmen.* Die Beatles *wurden die ersten unernsten Platten, die er sich kaufte.* Wie in der Geschichtsschreibung des Thukydides wird das historische Ereignis an *einem Spätwinterabend* des Jahres 1963 berichtet, an welchem *aus der Tiefe* der Musikbox in einem Grazer Café am Stadtpark für ihn zum ersten Mal jene Musik erklang, die alle Last seines bisherigen Lebens von ihm nahm, ein Gefühl, das *in der Fachsprache «Levitation» heißt, und das er selber mehr als ein Vierteljahrhundert später wie nennen sollte: «Auffahrt»? «Entgrenzung»? «Weltwerdung»? Oder so: «Das – dieses Lied, dieser Klang – bin jetzt ich; mit diesen Stimmen, diesen Harmonien bin ich, wie noch nie im Leben, der geworden, der ich bin; wie dieser Gesang ist, so bin ich, ganz!»? [...] Und heute noch dachte er, das Anfänger-Schallen der Beatles im Ohr, aus jener von Parkbäumen umstandenen Wurlitzer: «Wann würde je wieder solch eine Anmut in die Welt treten?»* [101]

Man hat Handke oft Geschichtslosigkeit und religiösen Überschwang vorgeworfen.[102] Der religiöse Wortschatz solcher Stellen, die wie von Himmelfahrt oder Advent sprechen, scheint diesem Vorwurf recht zu geben. Aber dieser Wortschatz – «*Weltwerdung*»? – weist nicht ins Jenseits, sondern bezeichnet die Raumzeit einer geschichtlichen Erfahrung, den Bruch mit der deutschnationalen Geschichte im Zeichen eines leidenschaftlichen Kosmopolitismus. *In dem hallenden Stahlgitarren-Ritt von «Apache» wurde das miefkalte und verrülpste «Espresso-Stübchen» an der Durchfahrtsstraße von der «Stadt der Volksabstimmung von 1920» zur «Stadt der Volkserhebung von 1938» angeschlossen an eine ganz andere Elektrifizierung, mit der man, an der leuchtenden Skala in Hüfthöhe, die Nummern von «Memphis, Tennessee» wählen konnte, in sich selbst den geheimnisvollen «Schönen Fremden Mann» heranwachsen spürte und das Rumpeln und Quietschen der Laster draußen auf der Bundesstraße umgewandelt hörte in das gleichmäßige sonore Dahinziehen eines Trecks auf der «Route Sixty-Six», mit dem Gedanken: Gleich wohin einmal – nur Aufbruch!*[103]

Das große Pathos in *Versuch über die Jukebox – Wann würde je wieder solch eine Anmut in die Welt treten?* – macht nicht blind für die deutschnational-völkische Unglücksgeschichte an diesem konkreten Ort, Anmut und Welt spielen auf die Idee der Schönheit an, die aus der deutschen Klassik kommt und sich wie bei Herbert Marcuse als innerweltliche Erlösung in der entsublimierten Jugendkultur erfüllt. Nie zuvor hat es in der Geschichte begründeteren Anlass für eine neue Weltwerdung gegeben wie nach 1945. Der Skandal war, dass es zwanzig Jahre dauerte, bis die Beat-Generation das Uneinverstandensein mit der Kriegswelt der Väter zum Ausdruck bringen konnte.

Unmittelbar nach der Befreiung, 1945, hat ein Opfer des NS-Staats, Jean Améry, über die englischen Soldaten, die ihn befreiten, ähnlich begeistert geschrieben wie Peter Handke über die Beatles. Améry wollte mit seiner Studie «Zur Psychologie des deutschen Volkes» erklären, was die ungeheure Kälte in Deutschland verursacht hatte, sodass die Menschen bereit waren, den millionenfachen Mord hinzunehmen. Aus der Nachkriegserwartung eines überlebenden KZ-Häftlings sah er das Rettende in der Fähigkeit zum Glücklichsein, für ihn der Gegensatz zum Drohenden, Finster-Verbissenen der deutschen Arbeitsmentalität. Der deutschen Arbeitskultur habe «alles Leichte, Spielerische, das wundervolle ‹Laisser faire› der romanischen Völker, alles Elegante, Luxuriöse» gefehlt, und diese «Freudlosigkeit» und «Unfähigkeit zur Freude» seien «das Resultat des Fehlens eines vernünftigen, diesseitigen Lebenssinnes». Allein im Gesichtsausdruck wirke ein junger Engländer «im Gegensatz dazu fast immer fröhlich, zufrieden, beinah kindlich». Die Nazis hätten von Nietzsche den «Herrenmenschen» übernommen und nicht die Philosophie des Sichfreuen-Könnens, «man ließ den anderen Völkern allen Glanz des Lebens».[104] Amérys Studie über das Unbehagen in der deutschen Arbeitskultur liest sich wie ein sozialpsychologischer Kommentar zu Handkes ‹Manifest› für die Beatles, dieser Verteidigung der Poetik des Spielerischen, der Leichtigkeit und der Fähigkeit zum Sichfreuen-Können. Amérys Versuch über das Unglücklichsein der Deutschen und Handkes Versuch über die schöne Müdigkeit, über die Jukebox und über den geglückten Tag gehören zusammen.

Der «kometenhafte» Aufstieg Peter Handkes, ein «Senkrechtstart in schwindelnde Höhen literarischen Ruhms» («Sender Freies Berlin»)[105], ereignete sich im Jahr 1966. Innerhalb weniger Monate wurde der junge Schriftsteller zur Sensation der sprachkritischen Avantgarde-Literatur. Als für das «manuskripte»-Heft 18 (1966/67) ein Handke-Porträt als Titelcover gewählt wurde, begann sein literarischer Ruhm bereits auf die Zeitschrift und auf die Literaturszene der Stadt auszustrahlen. Dabei war Handke zunächst gar nicht durch seine literarischen Texte zur Sensation geworden, auch nicht durch seinen ersten Roman, sondern durch eine Wortmeldung auf der Tagung der «Gruppe 47» im April

1966 in Princeton, USA, wo er den Vertretern des «Neuen Realismus» *Beschreibungsimpotenz* vorwarf. Zur Tagung der arrivierten westdeutschen ‹Gruppe› – die nie eine Gruppe und nie eine Institution sein wollte, obwohl bei ihr mehr als bei jeder anderen literarischen Institution die Medien- und Verlagsbeziehungen zusammenliefen – war Handke von Siegfried Unseld eingeladen worden, nachdem im Februar *Die Hornissen*, sein erster Roman, im Suhrkamp Verlag erschienen war. Wie kalkuliert oder spontan Handkes Wortmeldung auf dieser Gruppen-Tagung auch gewesen sein mag, sie traf ins Herz der neurealistischen Autoren, und sie traf auf den Apparat der Kulturindustrie, der daraus eine Sensation machte. Die provokante Feststellung, dass die Form der gegenwärtigen deutschen Prosa *fürchterlich konventionell* sei, *vor allem im Satzbau, in der Sprachgestik*, dass ihr jegliche *Reflexion* fehle, wäre vielleicht übergangen worden, aber mit dem starken Wort von der *Beschreibungsimpotenz* traf der junge Autor zweifellos den Point d'Honneur der älteren Autoren.

Der in Princeton bei Handkes ‹Auftritt› anwesende Hans Mayer, damals schon eine Legende der Literaturwissenschaft, übersetzte, im Großen und Ganzen zustimmend, was der junge Autor, nervös und vom Vorsitzenden mehrmals unterbrochen, gesagt hatte, in seinen eigenen Realismusbegriff, denn liest man die Aufzeichnungsprotokolle, entdeckt man, dass er, der schon so viele Realismen Revue passieren sah, gar nicht so genau auf Handkes Diskussionsbeitrag gehört haben dürfte. Eine bemerkenswerte Geste war es immerhin, dass sich Hans Mayer, der im Schweizer Exil ein heute noch lesenswertes Buch über Georg Büchners Realismus geschrieben hatte und der sich nach 1945 weder mit dem sozialistischen Realismus der DDR noch mit dem bundesrepublikanischen Nachkriegs-Realismus anfreunden konnte, von Handkes Unbehagen angesprochen fühlte. Er hat ein paar Jahre später eine der ersten Interpretationen von Handkes *Kaspar*-Stück verfasst, zu d e m Handke-Stück, das vielleicht erst der wirkliche Geniestreich in der Literatur der 1960er Jahre war.[106]

Handke hat seine Wortmeldung in Princeton noch einmal in einem Zeitschriftenbeitrag zusammengefasst.[107] Das nun schriftlich Formulierte entspricht dem, was er schon, wie die mitgeschnittenen Protokolle[108] zeigen, in Princeton gesagt hatte: Er habe nichts *gegen die Beschreibung*, sehe sie vielmehr als *notwendiges Mittel an, um zur Reflexion zu gelangen.* Zu dieser Reflexion gehöre auch die Einsicht, *daß die Literatur mit der Sprache gemacht wird, und nicht mit den Dingen, die mit der Sprache beschrieben werden*[109] – ein literarisches Konzept, von dem Handke auch in dieser und jener späteren Wende nicht abgegangen ist.

THEATERDONNER

Auf den kurzen und nachhallenden Auftritt in Princeton folgte am 8. Juni 1966 bei den «Experimenta I» im Frankfurter Theater am Turm die Premiere von *Publikumsbeschimpfung.* Damit begann eine Aufführungsserie, die dem Theater wieder den Skandal bescherte, das Publikum erregte und die Zuschauer dazu brachte, selbst mitzuschreien. Wie schon bei Handkes ‹Auftritt› in Princeton ging es um das alte Thema von Sprache und Wirklichkeit, das zur Sensation des Jahres 1966 wurde: dass das Theater ein Bedeutungsraum ist, in dem die direkte politische Äußerung verspielt hat, weil sie eben nur gespielt ist, so wirklich und authentisch man auch auf der Bühne agieren mag.

In einem Radio-Feuilleton für «Studio Steiermark», gesendet am 29. November 1965, also noch in der Zeit der Arbeit an *Publikumsbeschimpfung*, fasste der Autor zusammen, was er unter modernem Theater verstand: *Das moderne Drama besteht aus Ausbruchsversuchen. Es versucht auszubrechen aus einer Welt des Theaters, in die es jahrhundertelange Konvention eingekapselt hat. Das moderne Drama möchte das Theater nicht zu einer eigenen Welt machen, die verschieden ist von der Welt der Zuschauer; das Theater soll wieder ein Teil der Welt der Zuschauer werden. Ähnlich wie die Kinder, die den Kasperl beim Kasperlespiel durch Schreien und Johlen vor dem Krokodil warnen können, kommen auch die Zuschauer wieder zu ihrem angestammten Recht, nicht nur dabei sein zu dürfen, sondern auch eingreifen zu können oder zumindest als Anwesende beachtet zu werden.*[110]

Das alte Recht des Theaters wurde den Zuschauern der *Publikumsbeschimpfung* von einem ehemaligen Jurastudenten zurückerstattet. «Er hat das Theater verleugnet und doch vier jungen unbekannten Schauspielern und einem Regisseur (und diesem zumeist) in einer Stunde in die Gunst des Publikums verholfen», hieß es in einer Rezension der «FAZ» vom 11. Juni 1966. Das sei «mit so viel Charme und Einfallsreichtum» geschehen, dass die «Beschreibung des Zustands der Zuschauer» und der «Sprachraum», den das Theater aufgemacht habe, «das größte Theaterereignis des Jahres» bewirkten – «ein heiterer Abend (der heiterste seit langem)».[111] Für Handke war das Stück, das dem Publikum von der Bühne aus die eingespielten Erwartungen und Verhaltensweisen im Theater an den Kopf wirft, außerdem der Ausdruck seiner eigenen Befreiung: *Der Ausdruck dieser Befreiung, das Glück darüber, nicht so leben zu müssen, wie ich gesollt hätte, das war dieses Stück, das ja ein ganz spielerisches Stück ist.*[112]

Die Beatles standen für eine unkonventionelle Ästhetik, ihre Filme waren die modernen Kasperliaden, die Handke im Rundfunk-Feuilleton forderte, ausgestattet mit den neuesten medialen und surrealistischen Effekten und so gemacht, dass sie die Menschen erreichten. Einmal, nach dem Besuch eines Konzerts, nicht der Beatles, sondern der Rolling Stones, am 30. März 1967 in Stuttgart, hat Handke am nächsten Tag an seine Mutter geschrieben: *So was möchte ich auch können, auch bei vernünftigen Leuten.*[113] So was auch bei vernünftigen Leuten können wollen, das ist der Wunsch, die Literatur aus ihrer elitären Existenz zu befreien, in ihr neue Hör- und Sehgewohnheiten zu vermitteln, sie als eine *Mischkultur* zu beleben, die *allseits offen* ist, wie es die Dorf- und Stadtkinos der 1950er und der 1960er Jahre waren.[114] Es ließ den Autor nicht gleichgültig, wie seine Mutter und seine Geschwister und die Leute im Dorf in Kärnten auf seine Texte im Radio reagierten. *Schreib mir bitte auch, wie die Geschichte auf dich gewirkt hat,* ersucht er seine Mutter, als von «Radio Steiermark» im April 1962 ein Text von ihm gesendet worden ist, *und erzähle mir, was andere darüber sagten.* Es interessiere ihn wirklich, und er wolle es ganz genau wissen: *Beschreibe also genau, wie es war.*[115] Und Monate später kommt er darauf zurück, auch die Schwester soll ihm mitteilen, ob er so schreiben kann, damit nämlich *nicht nur hochgeistige Leute wissen, was da vor geht, und es nicht nur wissen, sondern auch erfühlen und begreifen oder sonst was*[116].

«DIE DICHTERLESUNG AUF DEN KOPF GESTELLT»

Diese *Mischkultur* wurde auf seinen Lesetourneen in den sechziger Jahren zu einem Ereignis, das die Leute nicht gleichgültig ließ. In Handkes Happenings lebte der alte Wunsch der Moderne wieder auf, Kunst und Leben einander anzunähern. Seine Lesungen wurden wie Pop-Konzerte vom Publikum belagert. Niemand trieb das sprachliche Dekonstruktionsspiel so weit, dass es am einen Ende in Sprachphilosophie überging – in Wittgensteins Philosophie als «Kampf gegen die Verhexung unsres Verstandes durch die Mittel unserer Sprache»[117] – und am anderen Ende in den Kampf mit der Polizei, als Handke einmal nicht mehr in den überfüllten und polizeilich gesperrten Saal zu seiner Lesung eingelassen wurde.[118]

Damals schuf sich Handke nicht nur bei der Polizei Feinde. Marcel Reich-Ranickis Feindschaft geht auf Handkes Satire über das naive Realismus- und Natürlichkeitsgetue des Starkritikers zu-

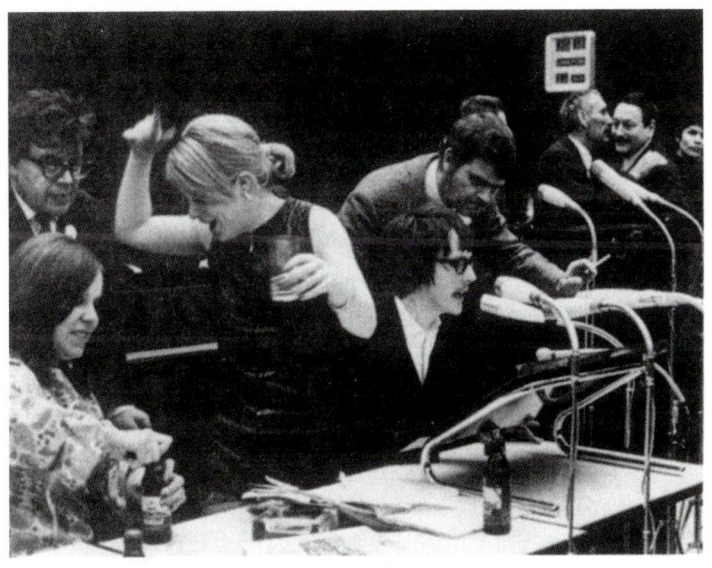

Peter Handke auf dem «Internationalen Frankfurter Forum der Literatur», 1967. Foto von Erika Sulzer-Kleinemeier

45

rück – *Marcel Reich-Ranicki und die Natürlichkeit*[119] –, und die ebenso beständige Feindschaft mit Günter Grass resultiert aus Handkes Gleichgültigkeit gegenüber dem Neuen Realismus, während Grass nichts für die mimosenhafte Sprachempfindlichkeit und die «Innerlichkeit» seines jungen Kontrahenten übrighatte, vielleicht, weil er sich die eigene Innerlichkeit für das Schälen der Zwiebel am Lebensabend aufsparen wollte.

Peter Handke wusste, woher er kam, wie er sich durch die Literatur verändert hatte und dabei die eigene Ich-Geschichte und die Geschichte von seinesgleichen bewusster wahrnehmen lernte[120], eine Autonomie, die Voraussetzung jedes Widerstands ist. Das prinzessinnenhafte sprachliche Feingefühl, das ihm oft vorgeworfen wurde, hatte doch selbst der bedeutendste Kunsttheoretiker des 20. Jahrhunderts, Theodor W. Adorno, verteidigt, wenn er in der Überempfindlichkeit der Prinzessin auf der Erbse das märchenhafte Gleichnis für die künstlerische Sprachsensibilität sah. Sogar ein nüchterner Schweizer Realist wie Max Frisch fühlte sich merkwürdig angezogen von dieser schläfrigen Distanziertheit gegenüber dem Gerede: «Peter Handke. Er schweigt wie ein Prinz. […] Seine dunkle Sonnenbrille. Wenn es die Runde nicht überzeugt, was er einmal sagt, lässt er's schläfrig. Klug wie der junge Alexander. Nur in der ersten Minute sieht er wie ein Mädchen aus; das Haar. […] Wie Handke während der Besprechung dasitzt: nicht provokant, nur abseits, sleep in, er sässe lieber im Kino. Meinungen schläfern ihn ein …» (Zürich, Januar 1969)[121]

«Aus der Satzlehre eines Unmenschen»; «Sterile Exerzitien»; «Zwischen Virtuosität und Vakuum»: das sind die Titel einiger Beiträge im ersten Handke-Heft der Zeitschrift «Text + Kritik» (1969).
«So süß und hell hat sich der Narzißmus seit langem nicht mehr gegeben»: Martin Walser zu Handkes «Kaspar» im «Kursbuch 20» (1970), S. 31.
«So schmerzlos wie bei Handke war die Wortmoderne in letzter Zeit selten zu haben»: Reinhard Baumgart in der «Süddeutschen Zeitung», 22. März 1972

«Kaspar»

Die Uraufführung von Peter Handkes Theaterstück *Kaspar* am
11. Mai 1968, dem Tag des Sternmarsches auf Bonn, einem Höhe-
punkt des öffentlichen Protests gegen die Notstandsgesetze, bedeu-
te, so die Theaterwissenschaftlerin Erika Fischer-Lichte, «einen
wichtigen Einschnitt in der deutschen Theatergeschichte» [122]. Das
Stück habe sich gegen das politisch-dokumentarische Theater der
1960er Jahre durchgesetzt und markiere dessen Ende. Bezogen auf
Österreich, um eine andere literaturgeschichtliche Zuordnung zu
treffen, war *Kaspar* das exemplarische Werk der sprachkritischen
Literatur nach 1945.

Wenn man das Stück offenhalten möchte für heutige Leser,
könnte man es als ein exemplarisches Werk der von Handke ge-
schätzten *Mischkultur* sehen, ein Stück, wie geschrieben für die
Schülertheater, für die jungen Gymnasiastinnen und Haushal-
tungsschüler, die vor einer Welt zurückschrecken, die sie mit
ihren Phrasen gefangen nehmen möchte, und wie geschrieben
für die avantgardistischen Studiobühnen und für die alten Theater. Ein Stück, bei dem die Regisseure *wirklich loslegen! Daß da ein
richtiger Ringeltanz stattfindet. [...] Daß es hoch hergeht! [...] Hoch und
still manchmal* [123] – so Handkes Worte, und mit den Worten seines
alten «Feindes» Marcel Reich-Ranicki: eben die «epidemisch[e]»
«Handke-Euphorie», die «betagte Philologen wie zarte Teenager
befiel» [124] und bisweilen heute noch immer zu ‹befallen› imstande ist.

Kaspar – ein Stück, *nicht sehr lang, wie ein Film,* und *ein Reißer,*
so kündigte es Handke seinem Freund Alfred Kolleritsch nach
der Fertigstellung am 18. Juli 1967 in einem Brief an [125] – kann als
Rock-Oper mit grellen Effekten gespielt werden oder als einfach
erzählte Theater-Geschichte von der Gefährdung des Ich, das zwischen der Sprach-Ordnung und dem Chaos der Triebe eine Balance
finden muss. So oder so, das Stück fasziniert immer wieder neu
als künstlerisches Gleichnis des Ich «Zwischen Wolfskind und
Automat», wie Sonja Buchs 2005 im Drava-Verlag erschienene

Arbeit über den *Kaspar* heißt [126], über jenes nie abzuschließende Dilemma des Menschenkinds, das von der natürlichen «Unmittelbarkeit» ruiniert würde und in einer Sphäre von artifiziellen Vermittlungen leben muss. [127]

Das Stück kann aber auch, so würde der Autor es selbst inszenieren, mit einfachen Mitteln die Geschichte einer Bühnenfigur erzählen. [128] Kaspar kommt mit einer Slapstick-Einlage auf die Bühne. Er gleicht nicht der österreichischen Lustspielfigur, sondern Artefakten der Massenkultur, *Frankensteins Monster (oder King Kong)* [129], und er bewegt sich, als wäre er in sich selbst eingesperrt und sich bei jeder Bewegung im Weg, wie ein zu schnell gewachsener Jugendlicher – «der bursch / mit theine / thechten jahr» aus dem Motto-Gedicht von Ernst Jandl. [130] Handke hatte dabei die Geschichte des historischen Kaspar Hauser im

«Kaspar». Wolf Redl in der Uraufführung im Frankfurter Theater am Turm, 1968

Blick. Gegen die späteren Romantisierungen der Figur bestand er auf Anselm Ritter von Feuerbachs 1832 erschienenem Bericht «Kaspar Hauser – Verbrechen am Seelenleben eines Menschen» [131]. In einem Gespräch mit Artur Joseph betonte er den persönlichen und subjektgeschichtlichen Aspekt, den *Mythos*, der ihn an dieser Gestalt interessierte: *Im Kaspar Hauser entdeckte ich das Modell einer Art von sprachlichem Mythos. Die Figur hat mich neugierig gemacht. Ein menschliches Wesen, das sechzehn oder siebzehn Jahre in einem Verschlag gelebt hat, kommt plötzlich in die Außenwelt und muß sich, obwohl es nicht sprechen kann, mit ihr bekannt machen […]. Dieser Kaspar Hauser erschien mir als mythische Figur, nicht nur interessant schlechthin, sondern als ein Modell von Menschen, die nicht zurechtkommen mit sich selber und der Umwelt, die sich isoliert fühlen.* [132] Mythos, zeigt diese Stelle, ist für Handke nichts Irrationales, auch wenn ihm oft das Gegenteil vorgeworfen wird, sondern ein Modell, das subjekt-geschichtliche und sprachphilosophische Fragen impliziert, die Suche nach den Anfängen des Ich und die Geschichte der Ich-Werdung durch und gegen die Sprache.

Wie ein ‹Zufall› stellt der einzige Satz, der vom historischen Kaspar Hauser überliefert ist, in der Übersetzung ins Hochdeutsche den persönlichsten Satz über sein eigenes Schreiben dar, das treibende Motiv vom Anderswerden: *Ich möcht ein solcher werden wie einmal ein andrer gewesen ist.* Mit diesem Satz betritt Kaspar die Bühne, und nach ihm werden viele andere Protagonisten in Handkes Büchern diesen Wunsch vom Anderswerden aussprechen. Und eigentlich sind alle Bücher Handkes Verwandlungsgeschichten, mit der ganz anders gerichteten – und vielleicht doch ganz nah verwandten? – Kafka'schen Verwandlungsgeschichte des Gregor Samsa als Bezugspunkt. *Das Bedürfnis, anders zu werden als ich war, wurde plötzlich leibhaftig, wie ein Trieb,* heißt es vom jungen Erzähler-Ich in *Der kurze Brief zum langen Abschied*[133] (1972), dem modernen Entwicklungsroman Handkes, der an die Idee erinnert, *daß aus einem nach und nach ein anderer werden müsse und daß jedem einzelnen die Welt offen stehe*[134]. Noch in dem vierzig Jahre nach *Kaspar* geschriebenen Stück *Spuren der Verirrten* (2006) ist Kaspars Satz vom Anderswerden gegenwärtig, wenn sich der *Möchtegern-Held* in einer der vielen selbstironischen Autor-Spiegelungen – Handke hatte damals schon lange den Parzival als eine andere Kaspar-Hauser-Gestalt entdeckt – mit seinen Selbstentwürfen der Kindheit und Adoleszenz *also hören* lässt: «*Ein Held wollte ich immer sein [...]. Und der einsame Ritter wollte ich sein, der einsame Sucher, der Befreier auf eigene Faust, eine einsame Lichtgestalt, eine solche, wie ein anderer einmal eine gewesen ist.*»[135]

Kaspar ist die subjektgeschichtlich gedeutete Volkstheaterfigur, die Konrad Bayers «Kasperl auf dem elektrischen Stuhl» und einer der ersten Aufsätze von Alexander Mitscherlich nach 1945 – «Kaspar Hauser und Oedipus»[136] – zum Gegenstand hatten. Wenn die Schauspieler im *Kaspar*, wie der Autor das für seine Stücke wünscht, *voll draufgehen auf die Geschichte und die Rollen. Voll loslegen,* müssten sie auch *wieder, natürlich, sich entfernen*[137], Raum für die philosophische Reflexion lassen oder, je nach Sichtweise, für die von Sinn und Bedeutung befreiten Bewegungen. Die clownesken Bewegungsstudien der Kaspar-Figur können nur für sich stehen, sie brauchen nichts zu bedeuten, wie die Dinge und Bewegungen im Zirkus[138], aber wir können sie auch als subjekt-geschichtliche Mikrodramen verstehen. So verstanden, ist der Beginn, wenn Kaspar durch den Spalt aus dem Vorhang hervor-bricht, die Geburt einer dramatischen Figur (Erika Fischer-Lichte); und wenn er lernt, die Bewegung seiner Gliedmaßen zu koordinie-ren und Kopf und Hand in einen Zusammenhang zu bringen, wird im Bühnengleichnis die Geschichte der Menschwerdung sichtbar. Im ersten Roman, *Die Hornissen*, gibt es ein ähnliches erzählerisch-philosophisches Mikrodrama, ein Gegenstück zu Samuel Becketts «Endspiel», wenn Gregor Benedikt, eingeschlossen in einen höl-zernen Milchstand wie in eine Mülltonne, sich herausarbeitet, sich aufrichtet und sich im Bild des frei dahinschreitenden Mannes als der Andere sieht, der er selbst werden möchte: *Einmal hat er auf der Straße einen dahinschreiten sehen* – und noch oft wird dieser Andere in den Büchern auftauchen –, wie er *unentwegt über das Land geht, mit der flatternden, flunschenden Hose zwischen den Beinen.*[139] Immer wieder kommt Handke in seinem Werk auf dieses Uranfängliche, den sich aufrichtenden Menschen und den aufrechten Gang, zu-rück, auf die «Genesis», aus der ein Schöpfungshauch herüber-zuwehen scheint in seine Bücher, ein Aufrauschen, ein Wind, der anhebt, unter den Achseln zu spüren ist oder die Hosenbeine zum Flattern bringt.

Fünfzehn Jahre danach, in der Zeit der Ablösung der Kaspar-Hauser-Figur durch Parzival, hat Peter Handke in *Phantasien der*

Goethe hat die des Atheismus bezichtigte Lehre des Spinoza in seiner Dichtung neu erstehen lassen. Hölderlin hat sich auf Spinoza bezogen, Heine hat mit ihm die leibfreundliche Kirche eines dritten, neuen Testa-ments begründet («Neue Gedichte»). Nach 1945 repräsentiert Handkes raumbezogenes Denken und Schreiben die umfassendste zeitgenössische Spinoza-Rezeption in der deutschsprachigen Literatur. Wie ein Kommen-tar zu Handkes Werk liest sich Ernst Blochs Würdigung Spinozas: Er nennt es die schönste, lichteste «Raumphilosophie», «das stärkste System der Diesseitigkeit, das in der Neuzeit überhaupt erschienen ist», ein Werk, geschrieben gegen die lähmende Trauer, weil, «was traurig macht, unser Sein vermindert». Spinozas Lehre sei ein philosophischer Versuch über das tapfere Glück, das sich, als Haltung, «gegen alles Niederziehende, Drückende, uns Bedrückende» zu behaupten hat. (Leipziger Vorlesungen. Bd. 3. Frankfurt a. M. 1985, S. 85 ff.)

Wiederholung (1983) noch einen Traum zur einleitenden Bewe-
gungsstudie im *Kaspar*-Stück hinzugefügt: *Ein nachzuliefernder
Traum von Kaspar Hauser: Als er endlich auf seinen Füßen stehen konnte, mußte ihm seine Mutter noch die Hände reiben und wärmen, damit er
nach den Gegenständen greifen konnte*[140]. Derartige leibhaft konkrete
Formeln des Beweglich-Werdens verleihen den Texten Handkes
ihre besondere existenzielle Materialität. Körper und Geist durch-
dringen einander in diesen szenischen Bildern, sie werden zur
denkenden Substanz, zu leibseelischen Formen der Freiheit. Sie
erinnern an die alte Idee von «Anmut und Würde» bei Friedrich Schiller, an die Idee der körperlichen Grazie in Heinrich von
Kleists Marionettentheater und, immer wieder bei Handke, an die
schönste Philosophie von Körper und Raum, wie Ernst Bloch einmal die «Ethik» Spinozas bezeichnet hat.[141] In der *Lehre der Sainte-
Victoire* (1980) tritt die «Ethik» Spinozas als getanzte Philosophie
des Gehens vor Augen: *Das gleichmäßige Gehen war schon der Tanz.
Der ganz ausgedehnte Körper, der ich war, wurde von den eigenen
Schritten befördert wie von einer Sänfte. Dieser gehend Tanzende war
ich-zum-Beispiel und drückte «die Daseinsform der Ausdehnung und die
Idee dieser Daseinsform», die gemäß dem Philosophen «ein und dasselbe
Ding sind, doch auf zweierlei Art ausgedrückt werden», in dieser voll-
kommenen Stunde ‹gleicherart›
aus – Regel des Spiels ‹und›
Spiel der Regel, wie einst der
Gehende mit der flatternden
Hose in Oberösterreich. Ja, da
wußte ich auch selber, «wer ich
bin» – und fühlte als Folge ein
noch unbestimmtes Soll. Das
Werk des Philosophen war ja
eine Ethik gewesen.*[142]

Baruch de Spinoza
(1632 – 1677). Gemälde,
um 1671

Suche nach Zusammenhang

Im *Kaspar*, und vorher schon in *Die Hornissen*, beginnt die Suche nach dem verlorenen Zusammenhang, einer der am tiefsten reichenden Impulse im ganzen Werk Peter Handkes. Christoph Bartmann hat ihm eine beeindruckende wissenschaftliche Untersuchung gewidmet.[143]

Das Stück setzt ein mit einer Studie zum disharmonischen Lebewesen, das der Mensch ist, in sich und mit sich zerfallen, bis er in einem Entwicklungs- und Lernprozess das eine mit dem andern zu verbinden beginnt, in jenem Prozess der kulturellen Strukturierung, der vor allem durch die Sprache, die grammatischen wie die sprachlosen Beziehungsformeln, vermittelt wird. Gelingt es dem Ich nicht, sich in diesem sprachlichen und außersprachlichen artifiziellen Zeichensystem zu bewegen, wird es mit seinem Unverständnis sich und die anderen gefährden, ausbrechen in eine unsinnige, *falsche Bewegung*[144], in den Amoklauf oder die mörderische Gewalttat, wie die Titelfigur im Roman *Die Angst des Tormanns beim Elfmeter* (1970). Fast jedes Werk von Peter Handke kennt diese Gefahr, fast jede Figur verfällt in ein verzweifeltes Um-sich-Schlagen oder in Erstarrung und Stummheit. Fast in jedem Werk findet man aber auch das Bild der freien Bewegung, das schon im Traum vom Dahinschreiten über die dünne Eisschicht am Ende der *Hornissen* angelegt ist. In wie nebenbei erzählten Details wird diese Idee der rhythmisierten schönen Bewegung ins Spiel gebracht, in der zugleich die Utopie des Schreibens und der Sprache liegt.

Contract social: die Grazie des Ausweichens

Im *Kaspar*-Stück gibt es eine Reihe kleiner, stummer Bewegungsstudien, es sind die Nummern 33–49, welche die Idee des Zusammenspiels von Kopf und Hand, von Hand und Gegenstand vorführen, zirkusartige Szenen, die ohne jede Akrobatik auskommen. In Nummer 37 gehen zwei Kaspars aus verschiedenen Richtungen einander auf der Bühne entgegen und lernen, ohne Zusammenstoß aneinander vorbeizukommen: *Was zuerst ungeschickt und natürlich ausgesehen hat, bekommt allmählich einen Rhythmus. […] Im nächsten Augenblick machen sie schon einen weiten eleganten Bogen um-*

einander und gehen links und rechts von der Bühne.[145] In dem *weiten elegganten Bogen*, mit dem die Kaspar-Figuren einander ausweichen, liegt jene Hogarth'sche «*Line of Beauty and Grace*», der Handke in *Versuch über den geglückten Tag* (1991) seine erzählerische Referenz erweist.[146]

In diesen Szenen gibt es im *Kaspar*-Stück einen ganz anderen Ton[147], der zwar danach wieder verschwindet, aber als Utopie für ein paar Momente da ist, wie im letzten von Handkes Sprechstücken, in *Der Ritt über den Bodensee* (1970), wo die freien – sich in Tanz und Anmut freisetzenden – Bewegungen mit Wörtern wie *Tanz*, *Tanzbär*, *Finte* Kleists Aufsatz «Über das Marionettentheater» ins Spiel bringen[148] und mit diesem Aufsatz zugleich Handkes Idee eines Schreibens, das durch die Sprachreflexion hindurch wieder zu einer neuen, wie ursprünglichen Grazie findet.[149] Der Titel des Stücks, eine Anspielung auf Gustav Schwabs Ballade «Der Reiter und der Bodensee», weist innerhalb des Werks von Peter Handke zurück auf das thematisches Motiv am Schluss der *Hornissen*, wo der Erzähler den Bruder auf der dünnen Eisschicht über den Gletscherschnee gehen sieht.[150]

Der Ritt über den Bodensee ist ein Konversationsstück, das die Formen der Konversation, die geläufigen sprachlichen Formeln, Bewegungen und Gesten, befragt, sie unterbricht, das Einrasten verhindert, sie in ihrer Künstlichkeit bewusst werden lässt und so das «Insgesamt» der Sprache als jene Totalität vorführt, die der Erzähler in Ingeborg Bachmanns «Alles» als unser «Unglück» bezeichnet: «Und ich wußte plötzlich», heißt es in dieser Erzählung, deren Titel auf den ersten Satz von Ludwig Wittgensteins «Tractatus» anspielt, «alles ist eine Frage der Sprache und nicht nur dieser einen deutschen Sprache [...]. Denn darunter schwelt noch eine Sprache, die reicht bis in die Gesten und Blicke, das Abwickeln der Gedanken und den Gang der Gefühle, und in ihr ist schon all unser Unglück.»[151] Diesen mechanischen «Gang» bewusst zu machen, ihn zu unterbrechen, das Einrasten der sprachlichen und körperlichen Wendungen zu vermeiden, auf *dieses Ausweichen oder Sich-nicht-fassen-lassen* laufe die Bewegung seines Schreibens hinaus: *Das ist die mir selbstverständliche Bewegung, die ich vom Alltagsleben und auch von den Konflikten auf das Schreiben übertrage*[152], sagte Handke in einem Gespräch mit Herbert Gamper, das unter dem thematischen Handke-Zitat *Aber ich lebe nur von den Zwischen-räumen* (1987) publiziert wurde.

Schreiben und Lebenskunst treffen einander in der Kunst des schönen ‹Ausweichens›, in einer anmutigen Bewegung auf den anderen zu, die ihm Platz lässt, eine Form des Umgangs, die im schönen ‹Umgehen› liegt und den gewaltlosen Zusammenhang aller im Auge hat – «gewaltlose Synthesis des Zerstreuten, die es doch bewahrt als das, was es ist, in seiner Divergenz und seinen Widersprüchen» (Theodor W. Adorno).[153] Wenn bei Handke von seinem zerstreuten Volk die Rede ist, dann meint er diese Form philosophischer Synthesis, ein Miteinander von sich fortbewe-genden Menschen, einen *Zug*, einen *Korso*, der jedem seinen Zwi-schenraum bewahrt, die Möglichkeit für das Ausweichen lässt und jeden erhöht im Bewusstsein, sich selbst im anderen zu würdigen. *Leute von jetzt: entdeckt, entgegengehend, einander als Götter […]. Geht ewig entgegen. Geht über die Dörfer*, das ist Novas Imperativ eines entdeckerischen Zusammengehens aller am Schluss des drama-tischen Gedichts *Über die Dörfer* (1981).[154]

Auf dem Grund der Sprache des *Kaspar*-Stücks liegt das dumpfe Grauen eines von Sprache und Vernunft nicht erhellten Zustands, etwas Vormenschliches, Tierisches, wie es die zappelnden, herum-schlagenden und schnüffelnden Kaspars zum Ausdruck bringen oder wie es in der Erinnerung an die schmerzende Bewusstlosig-keit und das Zerfallensein mit sich selbst zum Ausdruck kommt: *[…] die eigene Hand / war mir unbekannt / die eigenen Beine / gingen allein / ich schlief / tief / mit offenen / Augen: / ich war ohne Bewußt-sein / gleich einem Besoffenen / […] jeder neue Schritt / […] verstellte / mir die Sicht / kein Licht / ging mir auf / […] ich merkte nichts von dem was um / mich vorging / bevor ich anfing / auf die Welt zu kommen.*[155]

Das Stück zeigt, wie sich der Ausnahmezustand der Gewalt in den Wörtern und Wendungen eingenistet hat: *[…] man hat mich in der Hand: ich schaue auf die andere Seite: es herrscht eine unblutige Stille: ich werde meiner nicht mehr los: ich werfe den Hut auf den Fleischerha-ken: jeder Schemel hilft beim Sterben*[156]. Die sprachliche Abrichtung wird im Stück als Gewaltakt vorgeführt. *Es zeigt, wie jemand durch Sprechen zum Sprechen gebracht werden kann. Das Stück könnte auch «Sprechfolterung» heißen.*[157] Der Satz vom Wunsch, ein anderer zu werden, wird der Titelfigur von den Einsagern ausgetrieben. Die Abrichtung erfolgt mit der Methodik und der Systematik einer Gehirnwäsche, ein nur streckenweise erfolgreicher Prozess, der widersprüchlich und rückschlägig verläuft. Immer wieder gibt es die Einbrüche des Nicht-Identischen und Irren [158] und den Zerfall der Rede [159]. Auf den dreimal hintereinander wiederholten biblischen Satz der monotheistischen Ich-Identität – *Ich bin, der ich bin* –, folgt, bevor die Bühne ganz schwarz wird, ein Horváth-Zitat, das Handke in einem Aufsatz gegen Brechts durchschaubare lehrhafte Bühnenmodelle gestellt hat: *Warum fliegen da lauter so schwarze Würmer herum?* [160] Ganz am Schluss des Stücks wiederholt Kaspar zum ruckartig sich schließenden Vorhang, begleitet von dem immer unerträglicher werdenden Geräusch, ein Wort aus Shakespeares «Othello»: *Ziegen und Affen: / Ziegen und Affen: / Ziegen und Affen: / Ziegen und Affen.* [161]

In solchen irren Wendungen, wie Handke sie bei Shakespeare oder Ödön von Horváth fand, liegt die begriffsauflösende Funktion der Kunst, ihr irrer – «räudiger» [162] – Einspruch gegen die sich verfestigende Herrschaft der Begriffe. In der Fassung der Uraufführung stand am Schluss noch der Satz: *Ich : bin : nur : zufällig : Ich.* Handke hat diesen Schluss, der eine Art Rahmen zum einleitenden Satz von Kaspar herstellte – *Ich möcht ein solcher werden wie einmal ein andrer gewesen ist* –, verändert, um mit dem Othello-Wort dem Stück eine größere Offenheit und Rätselhaftigkeit zu bewahren und einer abschließenden Verengung des Sinns auszuweichen. [163]

Die Jahre in der Bundesrepublik 1966–1973

Im Sommer 1966 verließ Peter Handke mit seiner Freundin Libgart Schwarz Graz. Sie war Schauspielerin an den Grazer Vereinigten Bühnen und hatte für die neue Spielzeit ein Engagement in Düsseldorf angenommen. Der Schriftsteller ging mit ihr nach Deutschland.[164] Er blieb fast sieben Jahre in der Bundesrepublik und in Berlin, mehrere Monate lebte er 1969/70 mit der Familie auch in Paris.

Die Jahre in Deutschland waren eine bewegte Zeit, auch was die vielen Orts- und Wohnungswechsel des Paares angeht. Sie wohnten zuerst in Düsseldorf in der Wattenscheiderstraße 2 im siebten Stock. Er könne beim Schreiben *dauernd unten Züge vorbeifahren und Flugzeuge landen und aufsteigen sehen. So ist man dabei.*[165] Im September 1967 übersiedelten sie in eine neue Wohnung in Düsseldorf, Gartenstraße 25, im November 1967 heirateten sie, 1968 zogen sie nach Berlin. Dort kam am 20. April 1969 die Tochter Amina auf die Welt. Neuerlicher Umzug gegen Ende des Jahres nach Paris, die Wohnung lag in der Cité Chaptal, auf dem Weg zum Montmartre; Anfang 1970 wieder zurück in die Bundesrepublik, kürzere Aufenthalte in Düsseldorf, Berlin, Köln, Frankfurt, bis die Familie endlich im Herbst des Jahres 1971 einen neugebauten Bungalow in Kronberg am Taunus beziehen konnte, am Roten Hang, in einer Wohnsiedlung, Schrinbornweg 6. Das Grundstück *lag an einem weitgezogenen Waldgürtel, und der Blick ging auf eine horizontlose Flußebene hinunter, wo es Tag und Nacht, zur Erde und im Luftraum, von einer nahen Metropole flimmerte*[166], so liest sich die Beschreibung der topographischen Lage aus der Perspektive der Raumpoetik in *Kindergeschichte* (1981).

Das gemeinsame Leben in dem neuen Haus wird als wenig erhebend beschrieben. *Er* – es spricht hier nichts dagegen, in ihm den Autor zu sehen – sei zuerst *ein eher ungeschickter Betreuer* des Kindes gewesen, habe nur die Tage gezählt, *bis sie wieder die Sorge-*

Mit Libgart Schwarz in Düsseldorf, 1966

pflicht übernähme, eine *Zeit ohne Freude*, die Frau für ihn *eine ungute Fremde*.[167] Im Spätwinter 1972, ein paar Monate nach dem Einzug ins Haus, so der Erzähler der *Kindergeschichte*, sei die Frau aus dem Haus gegangen, *um neu in ihrem Beruf anzufangen; es sei keine förmliche Trennung* gewesen, aber *Tatsache war doch, daß der Mann nun mit dem Kind allein blieb*.[168] In einer Etage des Hauses wurde ein Kindergarten untergebracht, in dem Peter Handke, der als Schriftsteller freier über seine Zeit disponieren konnte, bei der Betreuung der Kinder half. Von nun an, bis gegen Ende der 1980er Jahre, richteten sich sein Leben und die Wahl seiner Wohnorte nach den Bedürfnissen seiner Tochter. Libgart Schwarz kam *öfter, und gar nicht besuchsweise, zu dem Kind zurück*[169], in den Theaterferien und Spielpausen nahm sie auch die Tochter zu sich. Solange Peter Handkes Mutter noch lebte, war er auch einige Male mit dem Kind in Griffen, im Juli 1971 noch einmal mit Frau und Tochter.[170] Als er mit Libgart Schwarz und Alfred Kolleritsch vom 24. April bis 18. Mai 1971 durch die USA reiste – die Road-Novel *Der kurze Brief zum langen Abschied* (1972) wird einem Teil dieser Reisestrecke folgen –, gaben sie ihre Tochter zu Handkes Mutter in Griffen. Im Dezember 1973 übersiedelt er mit Amina nach Paris.

1968

Der Aufenthalt in der Bundesrepublik fiel in eine Zeit der Politisierung der Gesellschaft, wie sie die Bundesrepublik bis dahin nicht erlebt hatte. Die Studentenbewegung, die man mit 1968 assoziiert, unterbrach das Kontinuum von Wiederaufbau und Restauration nach dem Zweiten Weltkrieg. Es waren vor allem die Notstandsgesetze, die mediale Manipulation und der Vietnamkrieg, gegen die sich die Protestbewegung formierte. Eine neue kritische Kultur des Fragens, des Wünschens, des politischen Widerstands begann sich an den Universitäten zu manifestieren. Die 1933 aus Deutschland vertriebene Philosophie und Wissenschaft wurde im Lehren und Lernen wiederentdeckt, und für einen historischen Augenblick konnte es scheinen, dass die Psychoanalyse Sigmund Freuds, der Marxismus, die Kritische Theorie der Frankfurter Schule mit den Arbeiten Theodor W. Adornos und Max Horkheimers, Herbert Marcuses «Triebstruktur und Gesellschaft» oder Ernst Blochs «Das Prinzip Hoffnung» zu neuen Leitbildern einer gesellschaftskritischen Kultur werden könnten. Die Kritik der Konsumgesellschaft, die Ideen einer antiautoritären Erziehung, die Infragestellung der traditionellen Geschlechterrollen und Beziehungsmuster begannen die alltäglichen Lebensformen zu verändern, die Jugend war im Aufbruch, und sie sah sich weltweit verbunden in der Protestbewegung gegen den Vietnamkrieg und gegen die von den militärisch-ökonomischen Trusts beherrschten Demokratien der fortgeschrittenen Industrienationen. Selbst die grammatische und semiotische Theorie nahm Anteil an der Idee einer grundlegenden Veränderung der gesellschaftlichen Ordnung und ihrer Kommunikationsformen.

Mit diesen Fragen setzte sich der junge Peter Handke auseinander, als er für die «Bücherecke» des Rundfunks in Graz von 1964 bis 1966 die literarischen und philosophischen ‹Klassiker› der 68er-Bewegung besprach – Adorno, Barthes, Benjamin, Brecht, Foucault, Freud, Marcuse. Die dann in der Bundesrepublik geschriebenen Zeitungsbeiträge zeigen einen sprachlich und juristisch geschulten Beobachter, der seinen Blick auf die politischen Verflechtungen von Ökonomie und Politik und auf die personellen und ideologischen Kontinuitäten der «jüngsten Vergangenheit» richtet. Zu diesen Interventionen des Elfenbeinturmbewohners

– unter *Politische Versuche* gesammelt [171] – gehören die *Bemerkungen zu einem Gerichtsurteil* (1967) zum Freispruch des Polizeibeamten Karl-Heinz Kurras, der den Studenten Benno Ohnesorg getötet hatte; *Der Monopol-Sozialismus* (1968) zum Einmarsch der Truppen des Warschauer Pakts in die Tschechoslowakei; *Zu Hans Dieter Müllers «Der Springer Konzern»* (1969), eine Rezension, welche die *augenöffnenden Daten* und deren Analyse in Müllers Buch nachzeichnet und doch dessen Neigung zu *einer komisch individualisierenden, psychologisierenden, theatralisierenden Geschichtsschreibung* kritisch beleuchtet, weil sie dem Rezensenten ungeeignet erscheint, die Fragen der *Machtkonzentration, Marktgesetzmäßigkeiten, Hierarchien* adäquat zu erfassen.[172]

Chronik der laufenden Ereignisse (1970) ist Handkes filmische Auseinandersetzung mit den Ereignissen der Jahre 1968 und 1969.[173] In der Chronik der Fernsehbilder, die in diesen Jahren *von den politischen Vorgängen, vor allem von der Bewegung der Studenten, gezeigt* wurden, sollten sich, nach der Intention des Autors, die *Gefühle, Wünsche und Befürchtungen* eines Ich spiegeln, und hinter allem sollte die Frage stehen, die in jedem Werk neu aufgenommen wird, mit immer neuen Aspekten und in immer neuen Zusammenhängen: wie man denn leben solle [174].

Filmstreifen aus Handkes Fernsehfilm «Chronik der laufenden Ereignisse», 1971

Die *Wünsche* erscheinen als Rolltitel auf einem dunklen Hintergrund – die schönste 68er-Utopie einer Welt, wo über alles gesprochen werden kann und die festgefahrenen Verhältnisse von einer leidenschaftlichen Bewegung des Fragens erfasst werden: *1969. Alles ist im Umbruch begriffen. [...] Eine heilsame Verwirrung hat überall eingesetzt und jedermann nachdenklich gemacht. Verstört beginnt man sich allerorten zu fragen, wie man denn leben solle.*

Das Problem, wie man die Verhältnisse zueinander neu ordnen könne, geht an niemand vorbei; es beschäftigt die Menschen in den Betrieben, in den Büros, in den Warenhäusern: kaum einer von ihnen kann sich der Überzeugungskraft der neuen Ideen entziehen.[175]

Der Autor wusste, dass die Verhältnisse nicht so sind. In *Chronik der laufenden Ereignisse* konfrontiert er diesem einleitenden Wunschbild die mediale Gegenstrategie der mächtigen politisch-ökonomischen Clans, die sich ihrer Sache wie immer schon sicher sind. Anhand einer Fernsehdiskussion mit *Robert Strange MacNamara, 1939/43 Professor für Verwaltungskunde, 1940/61 Direktor in der Ford Motor Company, 1961/68 Staatssekretär für Verteidigung, seit 1968 Präsident der Weltbank,* führt *Chronik* vor, wie Politik und Konzerninteressen ihr strategisches Bündnis mit den Medien eingehen und wie der kalkulierte Diskurs der Macht noch die Wörter und Sätze der kritischen Kultur integriert, Marx- und Hegel-Zitate ‹umfunktioniert› und alles Nicht-Identische der eigenen Herrschaftslogik unterwirft. Die Aufgabe der Politik sei es, sagt MacNamara, «*dafür zu sorgen, daß Träume und Schizophrenie zu gesellschaftlichem Bewußtsein werden und damit als Träume und Schizophrenie unnötig werden*». Nach einer langen rhetorischen Pause fügt er hinzu, dass es auch welche gebe, die sich weigern, Teil der mit sich selbst eins gewordenen Vernunft zu werden, Leute, die ungeduldig sind und unvernünftig gegenüber der *Logik der Geschichte.* Sie *existieren,* sagt er mit einem Vergleich aus dem Schachspiel, als ob «*sie Springer wären, nur in Gefühls- und Gedankensprüngen und müssen, sofern sie diese Gefühls- und Gedankensprünge auch in der Gesellschaft – wohlgemerkt: i h r e r Gesellschaft – praktizieren, als sozial krank und mithin verbrecherisch bezeichnet und bekämpft werden*».[176]

Das «Gegenwort» der Dichtung

In diesen Jahren um 1968 entdeckt Handke die irren, sprunghaften Sätze in den Stücken von Ödön von Horváth als Formen des Protests gegen die lückenlose Ordnung der Macht. *Es ist, als ob die Sätze Sprünge machten*, bemerkt er in *Horváth und Brecht*[177], und meint dann in der Büchner-Preis-Rede (1973) in diesen *Gefühls- und Gedankensprüngen* eines dezentrierten Bewusstseins die Gegenmacht des Poetischen gefunden zu haben, das «Gegenwort», das die Apparatur und die Logik des Identischen zerbricht und sich «nicht mehr», wie Paul Celan mit einem Büchner-Wort sagte, «vor den ‹Eckstehern und Paradegäulen der Geschichte› bückt».[178]

Peter Handke verteidigt dieses «Gegenwort» der Dichtung in einer Zeit, als Essay-Titel wie «Der Tod des Autors» (Roland Barthes, 1967) oder «Der Tod der Literatur» (Karl Markus Michel, 1968) zu Schlagwörtern verkamen und ihren Hintersinn einbüßten. In der Zeit der vielen proklamierten Tode verleiht Handke dem Autorbegriff und der Literatur eine erfrischend jugendliche Aura. Seine Essays, *Ich bin ein Bewohner des Elfenbeinturms* oder *Die Literatur ist romantisch*, aber auch die anderen kleinen Prosatexte und gedichtartigen Arrangements in *Begrüßung des Aufsichtsrates* (1969) oder in dem berühmten Handke-Sammelband mit den Automatenfotos auf dem Buch-Cover, *Prosa Gedichte Theaterstücke Hörspiel Aufsätze* (1969), alle diese poetisch-politischen Arbeiten stellen geistreiche Selbstbehauptungen der Literatur und des Autor-Ich dar, schwer angreifbar, weil sie mit ironischen Selbstbezichtigungen spielen, nicht von der sprachkritischen Methodik abgehen, keine Trennung von hoher Literatur und Massenliteratur zulassen und der strukturalistischen Dekonstruktion nahezustehen scheinen. «Das Ziel der strukturalistischen Tätigkeit, sei sie nun reflexiv oder poetisch», so konnte man es 1966 in der Nr. 5 der maßgeblichen Zeitschrift «Kursbuch» in einem Aufsatz von Roland Barthes lesen, «besteht darin, ein ‹Objekt› derart zu rekonstruieren, daß in dieser Rekonstitution zutage tritt, nach welchen Regeln es funktioniert (welches seine ‹Funktionen› sind).»[179]

Peter Handke war mit seinen Arbeiten das poetische und wissenschaftliche «*Kind [s]einer Zeit*»[180], aber seine Arbeiten gingen nicht auf in der bloßen Rekonstruktion der Regeln, sie bewahrten sich von Beginn an eine Differenz zum akademischen Strukturalismus und zum reinen Sprachexperiment. Wenn er in *Halbschlaf-geschichten*, einem frühen *Entwurf zu einem Bildungsroman* (1965), mit den Strukturen dieses angesehenen Genres der hohen Literatur spielte, es in eine Welt des Außenseitertums versetzte und das Ideal bürgerlicher Bildung mit der Welt der Unterprivilegierten kollidieren ließ [181], stand dahinter das tiefsitzende Bewusstsein der eigenen kulturellen Nicht-Zugehörigkeit. Selbst seine dezidiert literaturtheoretischen Essays bestehen auf der biographisch befreienden Kraft der Literatur und der Theorie, und es hat deshalb seine Logik, wenn Handke in der Vorbemerkung zur ersten Edition seiner theoretischen Arbeiten – sie erschienen 1972 unter dem Titel *Ich bin ein Bewohner des Elfenbeinturms* – das Übergängige von Theorie und Literatur betonte: *Es wäre schön, wenn man möglichst viele dieser Texte als Geschichten lesen könnte.*[182] An den Beginn der Sammlung stellte er den autobiographischen Essay *1957*, der die eigene grammatische Obsession nicht aus dem weltweiten «linguistic turn» der 1960er Jahre erklärt, sondern aus dem biographischen Eigensinn der sozialen Isolation des Fünfzehnjährigen im katholischen Internat und seiner ritualisierten Ordnung.[183]

Der Gegen- und Eigensinn dieser Verteidigung des Ich ist in seiner letzten Konsequenz an einem konstruktivistischen Text abzulesen, der den Titel *Das Standrecht* trägt und meist nur verstanden wird als Erprobung von sprachlichen Verfahrensweisen, die dem juristisch gebildeten Autor geläufig sein mussten. Das sprachliche Verfahren des lückenlosen gesetzmäßigen Ablaufs in *Standrecht*, in dem das Menschenleben Satz für Satz dem Tod überantwortet wird, ist aber weniger ein Sprachspiel als der absolute Gegentext zu allem, was Entwicklungsmöglichkeit, Aufatmen, Leben als das Herzstück von Handkes Poetik ist.[184]

NEUES ERZÄHLEN

Bis zum Erscheinen des Romans *Die Angst des Tormanns beim Elfmeter* im Jahr 1970 war das Bild des Autors Handke vom Erfolg des *Kaspar* und der *Publikumsbeschimpfung* bestimmt, von Sprechstücken wie *Selbstbezichtigung*, *Quodlibet*, von den stummen Stücken wie *Das Mündel will Vormund* sein, den kleineren sprachexperimentellen Formen und den in Zeitungen abgedruckten Literaturessays.

Beim Erscheinen von *Wunschloses Unglück* (1972) konstatierten viele Rezensenten eine sensationelle ‹Wende› im Werk Handkes: «Ein Avantgardist besinnt sich auf traditionelle Erzählformen. Wenn das keine Sensation ist […]. Er erzählt, wie alle großen Erzähler der Weltliteratur erzählt haben.»[185] – «Wie alle großen Erzähler der Weltliteratur»: als wäre die Geschichte des Erzählens im 20. Jahrhundert nicht eine Geschichte des nicht mehr selbstverständlichen Erzählens und der sehr unterschiedlichen Versuche, einer sich von Grund auf verändernden Wirklichkeit zu begegnen, und nach 1945 verlangten die Erfahrungen von Krieg und Vernichtung eine andere Radikalität des Erzählens: *wie geboren für Entsetzen und Erschrecken*, diese Wendung am Beginn von *Der kurze Brief zum langen Abschied*[186] sieht die Urszene des schreibenden Ich in den traumatischen Erfahrungen. Ein derartiges Erzählen bleibt immer gefährdet, weil es sich den Schocks, Brüchen und Sprüngen des Bewusstseins aussetzt und damit das krisenhafte Autor-Ich direkter in das Schreiben einbezieht. In *Der Hausierer* (1967) wird zum Beispiel der Kriminalroman zum Medium einer befreienden Auseinandersetzung mit den eigenen Schrecken. Die dem französischen Nouveau Roman nahestehende Bewusstmachung der literarischen Techniken und der Regeln dieser Gattung, die *Darstellung von Furcht, Angst, Schrecken, Verfolgung, Folterung, Beklemmung, Schmerz*, sollte dem Autor ein Modell zur Übertragung seiner eigenen *Wirklichkeit liefern: Was gibt eine Darstellungsweise, die schon längst kanonisiert ist, noch her für die Darstellung der Wirklichkeit, m e i n e r Wirklichkeit?*[187]

Der lebensübliche Grenzbereich zum Psychotischen

Die Angst des Tormanns beim Elfmeter (1970), die Geschichte des entlassenen Maurers Josef Bloch, der Fußballtormann war, zeigt, wie ein Ich in seiner privatsprachlichen Vereinzelung gefangen bleibt, wenn die sprachlichen und ikonischen Zeichen nicht mehr aus dem eigenen Krankheitssystem herausfinden. Handke hat bewusst vermeiden wollen, die Welt des Schizophrenen zu einem Fall der Psychiatrie zu machen, in seinem Werk wird das schizophrene Erleben so *eben nicht als k r a n k h a f t verharmlost, sondern als lebensüblich vorgestellt.*[188] Auch in *Der kurze Brief zum langen Abschied* for ciert Handke bewusst die lebensübliche Gebrochenheit des Erzähler-Ich, indem er ihm seine *eigenen Geschichten und Verschlingungen* eingezeichnet und versucht habe, *das ganze Unbewußte und alle Träume reinzubringen*, eigene Träume, die er *ganz ungeniert in eine solche Geschichte* aufnahm, genauso wie *Entgleisungen, die man bei Tage* hat.[189] Mit den Träumen und mit den unbewussten Fehlleistungen bringt er eine Tiefenschicht der Erfahrung ins Spiel, die es ermöglicht, dass gerade die privateste Sprache im Roman den Zustand der allgemeinen Verstörung eines Ich ausdrückt. Erst in dieser Gefahrenzone der traumatischen und destruktiven Regungen wird eine neue, authentische Aktualisierung der literarischen Tradition des Bildungsromans möglich. Darin liegt die Idee der verstörenden Erneuerung des angesehenen Genres wie der literarischen Tradition überhaupt: *Darstellungsmöglichkeiten* unserer *Wirklichkeit* zu eröffnen, Distanz, Spielraum gegenüber den eigenen *Zuständen und Vorgängen* zu schaffen, *Möglichkeiten zu lesen, zu spielen, zu überlegen: zu leben* sichtbar machen.[190] Wenn Freud seine Krankengeschichten als Novellen bezeichnete, so könnte man umgekehrt Handkes sprachanalytische Erzählungen als eminent literarische Fallstudien lesen.[191]

Am Ende der 68er-Debatten zum Werk Peter Handkes hat Michael Scharang, der hellsichtigste zeitgenössische Handke-Kritiker, in der provozierenden «Beschreibung literarischen Denkens» das spezifische kritische Potenzial von Handkes Texten gesehen und es gegen den Vorwurf unpolitischer Subjektivität verteidigt. «Ist Handke, wie manche Kritiker sagen, literarisch ein Technokrat, so ist er als solcher doch ein materialistischerer Autor als die idealistischen Weltverbesserer mit linkem Background.»[192] Scharangs Aufsatz erschien 1972, noch vor *Wunschloses Unglück*, wo die Frage einer undogmatischen materialistischen ‹Politik› zum Gegenstand des fragenden Erzählens vom Leben und Sterben der eigenen Mutter wird: *Mit ihrem in die Träume verdrängten sexuellen Ekel, den von Nebel feuchten Bettüchern, der niedrigen Decke über dem Kopf blieb sie allein. Was sie wirklich betraf, war nicht politisch. Natürlich war da ein Denkfehler – aber wo? Und welcher Politiker erklärte ihr den? Und mit welchen Worten?*[193]

«Wunschloses Unglück»

In der Nacht zum 20. November 1971 nahm sich Maria Handke, die Mutter des Schriftstellers, in ihrem Haus in Altenmarkt 6, Gemeinde Griffen, das Leben. Sie starb an einer Überdosis Schlaftabletten und Antidepressiva. Seit Jahren hatte sie an schweren Depressionen gelitten. Am Ende von Peter Handkes Erzählung *Wunschloses Unglück*, der Geschichte vom Leben und Sterben seiner Mutter, ist als Entstehungszeit angegeben: *geschrieben Januar / Februar 1972* [194].

Für ihn hat es nie einen persönlicheren Anlass zum Schreiben gegeben als den Tod des ihm am nächsten stehenden Menschen. Schreiben, das war eine Möglichkeit, sich aus den sprachlosen Zuständen der Trauer herauszuarbeiten, ein vorläufiger, zuletzt als Scheitern eingestandener Versuch.[195]

Man findet in Handkes erzählerischem Werk schon lange vor dem Tod der Mutter die Angstbilder von ihrem Versinken und Verschwinden in der Depression. Wie ein Vexierbild ist es den Bildern magischer Angst in *Der kurze Brief zum langen Abschied* eingeschrieben, wo der Ich-Erzähler *den schon in sich zusammengesunkenen Wald entlang* stolperte und in den Wald hineinrief *nach jemandem*, den er *liebte und der am Morgen in den Wald gegangen und noch nicht herausgekommen war* [196]. In einer anderen, plötzlich auftauchenden Erinnerung sucht der Sohn die verschwundene Mutter auf *einem hohen Felskegel: Sie wurde ab und zu schwermütig, und ich glaubte, sie hätte sich, wenn nicht hinuntergestürzt, so doch einfach hinabfallen lassen. [...] Ich konnte den Mund nicht mehr aufmachen, die Luft tat mir weh; alles an mir war vor Angst tief nach innen gesunken.* [197]

Schon im ersten Roman, *Die Hornissen*, begegnen einem solche Bilder einer äußersten Angst um die Mutter. Einmal, als der Sohn sie mit einem Korb vor dem Leib den Weg heraufkommen sah, ist mit *einem Schlag [...] die Luft zu Eis geworden und hat die Mutter eingefroren. [...] Welche Gefahr kann dort unten seine Mutter bedroht haben? Hat sie etwas Verhängnisvolles vernommen? Kann sie etwas gesehen haben?* [198]

Die Geschichte der Mutter stellt in *Wunschloses Unglück* die Binnenerzählung dar, die erzähltheoretischen Reflexionen am Anfang, in der Mitte und am Ende der Erzählung bilden wie im Novellenschema eine Art Rahmen. Im Schlusteil wird die Erzählordnung wieder zerbrochen und das Scheitern der narrativen Distanzierung eingestanden: Das Vorangegangene sei nichts als Gehabe gewesen, *Erinnerung in der Form von Sätzen, die ein Abstandnehmen bloß behaupteten*[199]. Auf den letzten Seiten stehen nurmehr unverbundene Erinnerungssätze, als würden *Angstzustände* unmittelbar wiedergegeben, wo *alle Dinge aus dem Gleichgewicht geraten und losgerissen erscheinen*[200]. In den Anmerkungen zu seinem Roman *Der Hausierer* (1969) hat Handke bereits den Versuch gemacht, durch *die alogische Struktur der Sätze [...] die Geschichte des Schreckens* zu *erzählen: Wie im Schrecken die Gegenstände nichts mehr miteinander zu tun zu haben scheinen, so scheinen hier die S ä t z e im Schrecken nichts mehr miteinander zu tun zu haben. Jeder Satz steht für sich allein.*[201]

Anders als in *Die Hornissen* wird die Welt des Herkunftsdorfs in *Wunschloses Unglück* Gegenstand einer sozialkritischen Rekonstruktion. Die Beschreibung zielt auf den sozialen und politischen Charakter eines Unglücks, das gesellschaftlich produziert ist, und so beginnt die eigentliche Erzählung vom Leben der Mutter mit einer prägnanten juristischen Bestimmung der sozialen Verfasstheit und der Eigentumsverhältnisse der dörflichen Welt, in denen schon das Unglück angelegt ist: *Es begann also damit, daß meine Mutter vor über fünfzig Jahren im gleichen Ort geboren wurde, in dem sie dann auch gestorben ist. Was von der Gegend nutzbar war, gehörte damals der Kirche oder adeligen Grundbesitzern; ein Teil davon war an die Bevölkerung verpachtet, die vor allem aus Handwerkern und kleinen Bauern bestand. Die allgemeine Mittellosigkeit war so groß, daß Kleinbesitz an Grundstücken noch ganz selten war. Praktisch herrschten noch die Zustände vor 1848, gerade, daß die formelle Leibeigenschaft aufgehoben war.*[202]

Neu im Vergleich zu den vorangegangenen Romanen und Erzählungen Peter Handkes ist in *Wunschloses Unglück* die sozialkritische Stimme eines Erzähler-Ich, welche die stumme Gewalt der Verhältnisse befragt, kritische Beschreibungskategorien einführt, den sozialen Klassencharakter zum Thema macht – *Vielleicht hätte man sich im formlosen Elend wohler geführt, wäre zu einem minimalen proletarischen Selbstbewußtsein gekommen*[203] – und den Elends-Realismus der Kritik aussetzt: Bestimmte *sinnliche Elendsbeschreibungen* würden *nur auf das körperlich Eklige am Elend* zielen, es zu einem kulinarischen Ereignis machen, *statt sich in einen Tätigkeitsdrang zu verwandeln*[204]. Im denkenden Erzählen von *Wunschloses Unglück* ist durchgängig von Politik die Rede, freilich von einem anderen, weiteren und offeneren Begriff von Politik, den das Erzählen selbst bewusst macht: *Für Politik interessierte sie sich immer noch nicht [...]. «Politik» war doch etwas Unsinnliches, Abstraktes.*[205]

Die Erzählung vom Leben und Sterben der Mutter verlangt nach einem anderen, umfassenderen Verständnis von Politik, weil die Unterdrückung selber so umfassend wirkt und noch die kleinsten körperlichen Regungen bestimmt. Geradezu enzyklopädisch wird dargestellt, wie das Mitspielen in den Rollen stummer Zwangsverhältnisse, die Einbindung in Riten und Rituale, die Behandlung des Menschen als Requisit, der Verlust der eigenen Geschichte im Typ, den man verkörpern will, dieses *von Anfang an erpreßt, bei allem nur ja die Form zu wahren*, zuletzt zu einer Krankheit wird, in der selbst das Lachen wehtut.[206] Aufmerksam registriert der Erzähler die lebensgeschichtlichen Veränderungen der Körperhaltung, des Gangs, des Blicks, des Lachens, der Art, das Gesicht in die Hände zu legen, des kleinen Fingers, in welchem sich *nur noch manchmal* die *frühere Lebenslust des ganzen Körpers zeigte, [...] wenn an der stillen schweren Hand verstohlen und schamhaft ein Finger zuckte*[207].

Diese an Georg Büchner erinnernde Aufmerksamkeit für «das ‹Leben des Geringsten›, die ‹Zuckungen›, die ‹Andeutungen›, das ‹ganz feine, kaum bemerkte Mienenspiel›»[208], diese geradezu körperliche soziale Empathie verbindet Peter Handkes Werk mit jenen Dichtern, die aus der Einsicht in die Beziehung von «Politik und Physis» (Ingeborg Bachmann) eine andere Politik verlangen.[209] Hier liegt vielleicht die Erklärung dafür, warum einem *Wunschloses Unglück*, was Jean Améry betont hat[210], so bestürzend mutig erscheint: Weil der Erzähler-Sohn die Geschichte vom Leben und Sterben seiner Mutter zu einer Über- und Weiterlebensgeschichte macht, zur Geschichte eines hilfreichen Wünschens und eines wünschenswerten Lebens.

Später werde ich über alles Genaueres schreiben, lautet der letzte Satz der Erzählung, der manche Leser an das lapidare «Nächstens mehr», den Schluss-Satz von Friedrich Hölderlins «Hyperion», erinnert hat.[211] Später, gleich in den nächsten Büchern, hat Peter Handke seine Poetik des Wünschens und des Glücks als befreiend gewendetes Erbe der Mutter fortgesetzt. Der Glücksanspruch der Mutter – sie habe *nur an ein diesseitiges Glück* geglaubt, *das freilich wiederum nur etwas Zufälliges war*[212] – wird nun vom Zufälligen befreit. Schon im Sammelband *Als das Wünschen noch geholfen hat* (1973), ein Jahr nach *Wunschloses Unglück* erschienen, beginnt einer der Versuche – in einem Prosatext mit dem Titel *Zwischenbemerkung über die Angst* – über das nicht mehr nur private und zufällige Glück mit den Worten: *die gewünschte Existenz*, das wäre *das vernünftige Glück, das von der Umwelt nicht abschließt, sondern für sie öffnet* und *aufmerksam für die andern* bleibt.[213]

Die nächste Erzählung nach *Wunschloses Unglück*, in der eine Frau im Mittelpunkt steht, *Die linkshändige Frau* (1976), ist getragen vom Wunsch des Autors, *diese geträumte Frau leben und überleben zu lassen*[214].

Stadt der Sehnsucht:
Paris 1973–1978

Seit Dezember 1973 lebt Peter Handke mit seiner Tochter in Paris, wieder in der Weltstadt, in der er schon vor vier Jahren gemeinsam mit der Familie wohnte.[215] Die Ankunft in der nahe der Porte d'Auteuil gelegenen Wohnung am Boulevard Montmorency wird in *Kindergeschichte* (1981) beschrieben. Als gingen die Fenster hinaus in die glänzende Zaubernacht der deutschen Romantik, blinkt und leuchtet und rauscht von draußen die Großstadt in die dunkle Wohnung herein: *Ankunft in der düsteren Mietswohnung, aufgehellt von dem blinkenden, mit Bachgeräuschen dahinfließenden Wasser draußen im Rinnstein und dem über dem Weltstadtrand wie nirgends gewölbten Himmel, wo sich die Ampelstaffeln weit in die Leere hinein fortsetzen, unablässig umspringend, farbwechselnd […].*[216] Ende September 1976 ist Handke dennoch in eine hellere Wohnung in Clamart, 53, rue Cécile Dinant, im Südwesten von Paris, umgezogen. Wer seine Verfilmung von *Die linkshändige Frau* gesehen hat, kennt das Haus, wo im Film die Titelgestalt mit ihrem achtjährigen Sohn lebt – und wo sonst der Autor mit seiner achtjährigen Tochter Amina zu Hause ist. *Nun ist das Haus leer*[217], schreibt der

Die Tochter
Amina, Paris
1974, von Peter
Handke auf-
genommen

Autor und Filmregisseur am 4. Mai 1977 nach dem Abschluss der Dreharbeiten an Nicolas Born, als er wieder mit der Tochter allein im Haus ist.

Kindergeschichte erzählt die Jahre in Paris aus der Perspektive einer poetischen Raumwissenschaft, die soziologische, ethnologische und topographische Gesichtspunkte miteinander verschränkt. Was Handke für den Paris-Abschnitt in der Erzählung ankündigt, dass die *Geschichte des Kindes [...] zu einem kleinen Beispiel der Völker-Geschichte, auch der Völker-Kunde*[218] wird, das lässt sich allein an der Beschreibung der verschiedenen Schulräume ablesen, die das Kind in den fünf Jahren von 1974 bis 1978 besucht. Wie bei dem griechischen Geschichtserzähler Thukydides werden die Ereignisse des Eintritts in die jeweilige Schule oder die Beendigung des Schulbesuchs mit den Jahreszeiten angegeben. *Schon im Spätwinter*, mitten im Schuljahr im Februar 1974, tritt das Kind in eine jüdisch-konfessionelle Schule ein. Für den Verfasser der *Kindergeschichte* ist das einer der überliefernswerten Augenblicke einer Gegen-Geschichte, wenn das Kind bei dem über die Erde verstreuten Volk lernt, dem der Vater *je anzugehören gewünscht* hatte.[219] Selbst *durch Geburt und Sprache ein Nachfahr jener Schandtäter*, sollte das Kind neu beginnen und jene andere Tradition begründen können, in die er, der Schriftsteller, mit Kafka und Benjamin, Spinoza und Celan als seinen Gewährsleuten sich doch selber längst eingeschrieben hat.

Kindergeschichte ist auch in dem Sinn Geschichtsschreibung, dass der Blick des Erdgeschichtlers Sorger aus *Langsame Heimkehr* (1979) zum Blick des Erzählers geworden ist, wenn er die einzelnen Pariser Pflichtschulen als vielfältig unterschiedene soziale Räume mit ihren jeweils besonderen Winkeln, Einfallsrichtungen, Schichtungen, Formen[220] beschreibt, wenn er die Erziehung und Entwicklung des Kinds wie eine Landschaftsbeschreibung erzählt oder, wie Sorger durch die Wahrnehmung der Landschaft, sich von seinem Blick auf das Kind den eigenen Blick verwandeln lässt. *Kindergeschichte* ist Geschichtsschreibung mit dem Kind als Heldin, und es ist ein Frankreichbuch anhand seiner Schulen, der Schulwege mit der Tochter und der vielen durch die Pariser Vorstädte genommenen Umwege des Autors, wenn er sie abholen ging. Weit und ausdauernd zu gehen, gewöhnte sich Handke nach seinem Krankenhausaufenthalt im März 1976 an, als er wegen panikartiger Angstanfälle und Herzrhythmusstörungen in einer Pariser Klinik lag.

Neben der verborgenen Existenz des Autors als alleinerziehender Vater gibt es in Paris den Autor mit seiner europäischen Publizität. «1973 – 1978: Handke à Paris – l'époque de gloire» nennt Elisabeth Schwagerle in ihrer Untersuchung zu «Peter Handke et la France» das Jahrfünft des literarischen Ruhms in Paris. In den Januar 1974, gleich nach Handkes Ankunft in Paris, fällt die Uraufführung von *La Chevauchée sur le lac de Constance* (*Der Ritt über den Bodensee*) im Pariser Espace Cardin, unter der Regie von Claude Régy, u. a. mit Delphine Seyrig, Jeanne Moreau und Gérard Depardieu.[221] Das Stück, das Handke bei seinem ersten Paris-Aufenthalt 1970 schrieb (die Uraufführung fand am 23. Januar 1971 in Berlin an der «Schaubühne» unter der Regie von Claus Peymann statt), wurde in Frankreich das bekannteste Theaterstück Handkes überhaupt. Was schon für den deutschsprachigen Raum galt, wiederholt sich in Frankreich: Der Erfolg auf dem Theater weckt die Aufmerksamkeit für den Prosaschriftsteller, wobei der persönlichen

«Die Reise nach La Défense» (in: Als das Wünschen noch geholfen hat, S. 47). Bevor Paris zur erzählten Welt von Handkes Prosa wurde, dokumentierte der Autor in einer Foto-Reportage die heraufkommende Gegenwelt zum alten Paris. Die Fotos sind mit lakonischen Bildtiteln versehen: «Hier befinden wir uns zwischen den Wohn-Buildings. Natürlich ist es ein grauer Tag. Zwischen den Häusern ist viel Grün.» Die Beschriftung erinnert an eine Tradition der Fotografie, die einmal Bestandteil der kritischen «Literarisierung aller Lebensverhältnisse» (Walter Benjamin) war.

Präsenz des Autors in Paris eine nicht zu unterschätzende Rolle zukommt, auch was Handkes spektakuläre Liaisons, etwa mit der französischen Filmschauspielerin Jeanne Moreau, angeht.[222]

PARISER THEOLOGISCH-PHILOSOPHISCHE MANUSKRIPTE

Über Nacht fällt Gregor Keuschnig in *Die Stunde der wahren Empfindung* (1974) aus seinem bisherigen Leben heraus. Er hat geträumt, eine alte Frau ermordet zu haben, und fühlt sich durch den Traum so unzugehörig in seiner Familie wie der in einen Käfer verwandelte Gregor Samsa in Kafkas «Die Verwandlung». *Auf einmal gehörte er nicht mehr dazu*, auch wenn er *jemand andrer geworden war*, musste er *doch weiter so tun, als ob er dazugehöre*. Es war, *als hätte er schon seine unabsehbare Strafe angetreten.*[223] In der zweiten Nacht träumt er, dass er ermordet werden soll und selbst der Mörder ist, das Aufwachen bringt keine Erleichterung, *sprachlos und bewegungsunfähig, verpestet von Todesgrausen*[224], liegt er auf dem Bett. Das vierte Kapitel schließt mit der Angabe des Inhalts der folgenden Kapitel: *So begann der Tag, an dem seine Frau von ihm wegging, an dem ihm sein Kind abhanden kam, an dem er zu leben aufhören wollte und an dem schließlich doch einiges anders wurde.*[225]

Der Erzähler lässt einen österreichischen Schriftsteller auf den Plan treten, damit Keuschnig ein Gegenüber bekommt, jemanden, der fähig ist, sich mit ihm auseinanderzusetzen, fast wie bei der Heilung des misanthropischen Rappelkopfs in Ferdinand Raimunds Zauberspiel «Der Alpenkönig und der Menschenfeind». In *Das Spiel vom Fragen* wird Handke Ferdinand Raimund neben Tschechow und John Ford stellen und ihnen das Stück widmen.[226]

In der *Stunde der wahren Empfindung* gibt es erste Versuche, die Glücksmomente als rettende Konstruktion zu verwenden und mit ihnen zu ‹arbeiten›. Wenn es bei Handke theologisch zugeht – es sind die Stellen, bei denen die Kritiker schnell mit dem Vorwurf des religiösen Irrationalismus oder des esoterischen Kitsch zu Hand sind –, geschieht nichts weiter, als dass Walter Benjamin zitiert wird und dessen theologisch-materialistische Konstruktionen entfaltet werden. Die *drei Wunderdinge*, die Gregor Keuschnig findet, *ein Kastanienblatt; ein Stück von einem Taschenspiegel; eine Kinderzopfspange,* eröffnen plötzlich einen geheimnisvollen Zugang zur Welt, ein praktikables Geheimnis, das den österreichischen Beamten über die Vernunft des Irrationalen räsonieren lässt: *Ich habe an ihnen kein persönliches Geheimnis für mich entdeckt, dachte er, sondern die IDEE eines Geheimnisses, die für alle da ist!* «*Was Namen als BE-GRIFFE nicht vermögen, leisten sie als IDEEN.*» Das markierte, aber nicht ausgewiesene Zitat stammt aus der erkenntniskritischen Vorrede in Walter Benjamins Trauerspielbuch.[227] *Wo hatte er das gelesen?*, denkt Keuschnig und legt sich im Kopf die Idee der drei Wunderdinge als eine Wis-

Walter Benjamin
(1892 – 1940)

senschaft der innerweltlichen Erlösung zurecht: *Er brauchte keine Geheimnisse, wohl aber die IDEE davon – und wenn er nur die Idee eines Geheimnisses hatte, war es unnötig, hinter all den gefälschten Geheimnissen seine Todesangst zu verstecken.* Vorher hatte er schon gedacht: *Wer sagt denn, daß die Welt schon entdeckt ist? – Sie war nur entdeckt,*

Die intertextuellen Beziehungen zu Benjamins Werk sind bei Handke überaus vielfältig. Neben dem geheimen Zitat der «Erkenntniskritischen Vorrede» in «Ursprung des deutschen Trauerspiels», das eine Schlüsselfunktion in der «Stunde der wahren Empfindung» zugesprochen bekommt, hat vor allem der Messianismus in Benjamins «Über den Begriff der Geschichte» große Affinitäten zum Geschichtsdenken Handkes – besonders für die Geschichte von Exil und Vertreibung in «Die Wiederholung». In «Der Chinese des Schmerzes» wird Benjamins «Passagen»-Arbeit mit der darin explizierten Theorie der «Schwelle» bis ins Wörtliche von einem katholischen Priester referiert, was selber ein dialektischer Witz im Sinn Benjamins ist. In Handkes Exemplar des «Passagen-Werks» findet man Anstreichungen und Notizen besonders zur Frage der «ewigen Wiederkehr». Benjamins «Passagen» und die dort entfaltete «Schwellenkunde» (Winfried Menninghaus) stellen als Theorie der Moderne den differenziertesten theoretischen Zugang zum literarischen Werk Peter Handkes dar.

was die Geheimnistuerei betraf, [...] und es gab jedenfalls keine künst-lichen Geheimnisse mehr, mit denen er erpreßt werden konnte, weder ein Geheimnis der Heiligen Kommunion noch des Universums. Diese säku-lare Mystik als Lebenskunst macht das Ich selbstbewusst, setzt es in Beziehung zu anderen Menschen und gibt ihm die Gewissheit, eine Zukunft zu haben: «*Ich kann mich ändern», sagte er laut. – Er stampfte auf, aber es war kein Spuk.* Und es folgen die so irdischen Manifestationen eines Ich, das wieder einen Boden unter den Fü-ßen spürt, einen Weg vor sich hat – und hungrig ist: *Dann biß er von dem Weißbrot ab. Jetzt kann ich mir erlauben, hungrig zu sein, dachte er im Weggehen: denn ich habe endlich eine IDEE gehabt. – Er fühlte sich von neuem allmächtig, aber nicht mächtiger als irgend jemand andrer.*

Was für ein abenteuerlicher Tag das heute war![228]

Dieses Selbstbewusstsein kommt Keuschnig wieder abhan-den in neuerlichen Angstanfällen und Umspringbildern, aber er, der gefährdete Mensch, hat nun die Idee, die er weiß und die die Richtung seines weiteren Tuns als Gesetz bestimmt: Es verlangt ihn nach einer *Arbeit, deren Ergebnis verbindlich und unverrückbar wäre wie ein Gesetz!*[229] Am Ende des Romans, nachdem er eine Grenzzone zwischen Leben und Tod durchquert hat, sehen wir ihn *zielbewußt auf das Café de la Paix* auf der *Place de l'Opéra* zuge-hen, in jenem freien Ausschreiten – die *locker gebundene Krawatte schwang im schnellen Gehen hin und her*[230] –, das die Bewegung des auf der Landstraße dahinschreitenden Mannes aus dem Roman *Die Hornissen* wiederholt. Und der messianische Name des «Café de la Paix» leistet hier als literarische IDEE mehr als der bloße Begriff, indem er das Poetische und das Politische miteinander verbindet. In der *Lehre der Sainte-Victoire* wird ja an die Rue de la Paix und an den Maler Gustave Courbet erinnert, der 1871 in der Zeit der Pari-ser Commune *besonders dazu beigetragen hat, daß die Siegessäule der Place Vendôme geschleift wurde: auf einem Platz, auf den die r u e d e l a P a i x zuführe, dürfe «kein Denkmal des Krieges und der Eroberungen» stehen. Er wurde dafür auf Monate eingesperrt.*[231]

«MYSTIKERIN? PFUI TEUFEL. DU BIST KRANK»

Marianne, die Titelfigur der im Winter und Frühjahr 1976 ge-schriebenen Erzählung *Die linkshändige Frau*, ist Übersetzerin. Für den Film, den Handke im Frühjahr 1977 in Paris gedreht hat – es ist

Mit Edith Clever vor dem Haus in Clamart / Paris, im Frühjahr 1977, als Handke «Die linkshändige Frau» verfilmte.
Foto von Ruth Walz

sein erster Kinofilm –, hat er eine Stelle aus Gustave Flauberts «Un
cœur simple» übersetzt, die im Film vorgelesen wird und damit
den Beginn seiner literarischen Übersetzungen bildet.

Die linkshändige Frau ist die erste Erzählung nach *Wunschloses Unglück*, in der wieder eine Frau im Zentrum steht. Indirekt
ist noch die Gewalt des realen Unglücks der Mutter gegenwärtig,
nicht allein in den Namen Marianne und Bruno, die an Maria und

Bruno Handke denken lassen, sondern eher noch in der bewussten Transposition des Lebens einer Frau in eine *bessere Welt [...] als die erlebte.* Er hatte *das Bedürfnis, diese geträumte Frau leben und überleben zu lassen,* schreibt Handke in einem Kommentar zum Film, der die *Vergeistigung* der Frauengestalt betont, als wäre Rettung nur im Bereich *reine[r] Geistigkeit* zu finden.[232]

Wie in *Wunschloses Unglück* werden auch hier *die Bewegungen einer Frau in ihrem Haus* wie von einem *Ethnologen* betrachtet[233], aber es wird ihr durch das Alleinsein vom Erzähler eine *Autonomie* gewährt, *dank deren sie ihrer Rolle als Hausfrau, als Ehefrau, als Mutter, als Frau von dreißig Jahren, manchmal sogar als Matrone, entfliehen und heilig-mythisch, lächerlich und rätselhaft* werden kann.[234] Sie trennt sich von ihrem Mann, ohne diese Trennung zu begründen und wie von einer mystischen Erleuchtung getroffen. In der reinen Beschreibung dieser nicht begründeten Handlung liegt jenes Neue, Unerhörte der modernen Novelle.[235] Allein geht sie durch Stummheit, Angst und Scham, macht sie sich unabhängig von den Vorstellungen, in die sie die anderen einsperren wollen. «*Weißt du, wie die dich nennt?*», gibt Bruno, ihr Mann, die Meinung ihrer Freundin weiter, in ein paar wenigen Worten, in denen wie ein Reflex die Verfolgungsgeschichte der Mystikerinnen durchscheint, «*– Privatmystikerin. Ja, eine Mystikerin bist du. Mystikerin! Pfui Teufel. Du bist krank. Ich habe zu Franziska gesagt, ein paar Elektroschocks würden dich wieder zur Vernunft bringen.*»[236]

Im selbst verantworteten Alleinsein kommt die Frau auf ihre frühere Arbeit zurück, das Übersetzen. Nur will sie jetzt «*richtige Bücher übersetzen*»[237]. Sie findet Kontakt zu anderen Menschen, zu einer Verkäuferin, einem arbeitslosen Schauspieler. Es gibt in der Erzählung eine so besondere Sympathie für diese Frauengestalt und für alle anderen Gestalten, für die Frauen wie die Männer, der Erzähler widmet der linkshändigen Frau sogar ein Poem, «*The lefthanded Woman*», unter Verwendung von Jimmy Reeds Blues-Song «Left-handed Woman» – der den Buchtitel inspiriert hat[238] –, und er umgibt sie mit einem Landschafts- und Stadtraum, der es gut meint mit ihr, die ihren eigenen Weg wählt, wie überhaupt eine mystische Sympathie zwischen ihr und der Welt ‹aufglänzt›. Die Stadt wird mit ihren Lichtern, dem Strahlen des Himmels, den Spiegelungen und Echos zur Innenwelt der Außenwelt der Innenwelt des Ich. *Die Frau blieb auf einmal stehen, schüttelte den Kopf –* es ist der Augenblick, in dem sie die Erleuchtung hat, allein zu leben –, und sie *schüttelte wieder den Kopf,* und als Bruno sich ihr näherte, blickte sie *weg zu den mit Rauhreif bedeckten Bäumen und Büschen des Parks, die jetzt kurz der Morgenwind schüttelte.*[239]

Am Schluss der Erzählung, nach einem Fest, wenn alle Gäste aus dem Haus sind und sie allein zurückbleibt, fängt sie zu zeichnen an, *erst ihre Füße auf dem Stuhl, dann den Raum dahinter, das Fenster, den sich im Lauf der Nacht verändernden Sternenhimmel.* In diesem stundenlangen Zeichnen wiederholt sich ihr Weg ins Freie: *eher zittrig und ungeschickt* fängt sie zu zeichnen an; *doch dazwischen gelangen ihr ab und zu Striche in einer einzigen Bewegung, fast einem Schwung.*[240] Im letzten Absatz erscheint fast nurmehr Bewegung: eine Spiegelung der bewegten Natur, ein Schaukeln, ein Armeheben, als würde alles leicht und durchlässig, als würde alles zusammenfinden und mit dem Erzählschluss der *Linkshändigen Frau* auch ein leichterer, glücklicherer Schluss für Theodor Fontanes unglückliche Effi Briest gefunden: *Am hellen Tag saß sie auf der Terrasse im Schaukelstuhl. Die Fichtenkronen bewegten sich hinter ihr in der spiegelnden Fensterscheibe. Sie begann zu schaukeln; hob die Arme. Sie war leicht angezogen, ohne Decke auf den Knien.*[241]

Die linkshändige Frau – La femme gauchère (im Verlag Gallimard) – wurde in Frankreich einer der größten Handke-Erfolge überhaupt, mit Verkaufszahlen, die mit 120000 Exemplaren ähnlich hoch sind wie die des Buchs im deutschsprachigen Raum. Als es im Frühjahr 1978 erschien, wurde Handkes Erfolg zum Anlass, den hohen Rang der zeitgenössischen Schriftsteller Österreichs zu betonen, die, heißt es in «Le Monde» vom 31. März 1978, ihre Generation in ganz Europa überragen.[242] Damals schon wurde Peter Handke in Frankreich in eine Reihe mit Goethe und Kafka gestellt (Le Quotidien de Paris, 7. April 1976)[243] und als der existenzielle Autor – «l'auteur existentiel» – bezeichnet, der ihnen – in Frankreich – fehle. Das Wort mag zwar zu heideggerisch klingen, bemerkt Nicole Casanova, aber die Perspektive sei ohne Zweifel richtig.[244] Warum aber, fragt man sich, sollte der Existenzialismus in Frankreich nach Heidegger klingen, wo doch Albert Camus' «Der Fremde» in Frankreich und in der Schreib-Biographie des österreichischen Autors viel näher lag?

FREUNDSCHAFTEN

In die Jahre des zweiten Paris-Aufenthalts fällt die freundschaftliche Beziehung mit Nicolas Born. Sie erinnert an den literarischen Trend der «Neuen Innerlichkeit» in der Bundesrepublik Deutschland, als deren Repräsentanten man Rolf Dieter Brinkmann und Nicolas Born sehen kann und der man immer noch Peter Handkes Bücher zurechnet. Im ersten Brief, Februar 1974, schreibt ihm Born, dass er, Handke, schon einmal in sein *Leben eingegriffen* habe, als er ihm auf der Frankfurter Buchmesse 1972 gesagt hätte, dass er seine Gedichte gernhabe.[245] Peter Handkes Briefwechsel mit Nicolas Born, der 1979 starb, zeigt uns Handkes geographische und literarische Randposition, von der aus er Beziehungen zu anderen und auf andere Weise am Rand stehenden Autoren herstellt. Er bleibt aber auch den «manuskripten» Alfred Kolleritschs verbunden, und in Salzburg unterstützt er den Verleger Wolfgang Schaffler, der sich um die zeitgenössische österreichische Literatur verdient macht und im Residenz Verlag ein Österreich-Programm aufbaut. Ähnlich wird er sich später um den Wieser Verlag in Klagenfurt bemühen und um die österreichisch-slowenische Literatur. Der «Narziß auf Abwegen»[246] und Elfenbeinturmbewohner der deutschsprachigen Gegenwartsliteratur[247] war außerdem beteiligt an der Gründung und kontinuierlichen Vergabe des Petrarca-Preises (1975–1995), dessen Finanzierung Handkes Freund Hubert Burda übernahm. 1999, nach dem Tod von Hermann Lenz, wurde der Preis in Hermann-Lenz-Preis umbenannt, um mit seinem Namen an die Intention des Preises zu erinnern, der an zeitgenössische Dichter und Übersetzer vergeben wird, die mit ihrem eigenwilligen, unspektakulären Schreiben jenseits der literarischen Moden eine prekäre Position im Literaturbetrieb einnehmen und Zuspruch und Förderung von woandersher brauchen.[248]

In einem Brief an Nicolas Born sagt Handke, dass er *nur noch von anderen Menschen schreiben* und seine Person *als Unterstützung (für die anderen)* einsetzen möchte.[249] Er denke *an ein dickes Buch über das Leben anderer*[250], das er in zwei Jahren beginnen könnte. Das e i n e dicke Buch ist nicht geschrieben worden, aber denkt man an die vielen einzelnen Aufsätze, Vor- und Nachworte und Reden, die nur zum Teil in den Sammelbänden erschienen sind – *Ich bin ein Bewohner des Elfenbeinturms* (1972), *Als das Wünschen*

Das Foto der «Fontaine Sainte-Marie» in Paris ist in Georges-Arthur Goldschmidts französischer Handke-Monographie abgedruckt (Peter Handke. Paris 1988). Goldschmidt, Freund und Übersetzer Peter Handkes in Frankreich, ist als literarischer Autor durch Handkes Übersetzungen im deutschen Sprachraum bekannt geworden («Der Spiegeltag», 1982; «Der unterbrochene Wald», 1992). Seine Bücher erzählen die Traumen in der Zeit des Holocaust, die er als Kind deutscher Juden, in einer französischen Internatsschule versteckt, erlitt.

Im «Gedicht an die Dauer» lädt Handke den Freund, «Arthur», ein, doch «gemeinsam wieder einmal zur Fontaine Sainte-Marie zu gehen», dieser «einzigen Quelle der Weltstadt»: «Gefragt, wo meine Mitte der Welt sei, / würde ich die Fontaine Sainte-Marie nennen. / Und sie ist in der Tat eine Mitte; / denn an ihr machte ich jedes Mal Rast, / wenn ich, von der Vorstadt Clamart, / durch den Wald ging, / um in der nächsten Vorstadt, Meudon, / das Kind von der Schule abzuholen, / und wiederhole diese Strecke jetzt, / wann immer ich kann.» (Gedicht an die Dauer. Frankfurt a. M. 1986, S. 43 ff.)

noch *geholfen hat* (1974), *Das Ende des Flanierens* (1980), *Langsam im Schatten* (1992), *Mündliches und Schriftliches* (2002) –, ergibt das zusammen jenes *dicke Buch*, das im Herbst 2007 im Suhrkamp Verlag erschienen ist.[251]

Hermann Lenz ist einer dieser *anderen Menschen*, die Handke unterstützt. Er setzt sich für den beinah vergessenen, auch von seinem Verlag im Stich gelassenen Autor ein, dem er sich, vielleicht schon seit seiner Besprechung von «Die Augen eines Dieners» für die «Bücherecke» im Österreichischen Rundfunk (18. Januar 1965)[252], zugetan fühlt. Er würdigt ihn in Zeitungsfeuilletons – *Jemand anderer: Hermann Lenz* (Süddeutsche Zeitung, 22. Dezember 1973) – und vermittelt sein Werk an den Suhrkamp Verlag.

«Solch ein Tun wie das Ihre aber», schrieb Hermann Lenz am 3. Februar 1974 aus Stuttgart nach Paris, «ist etwas Unwahrscheinliches, weil ganz und gar unzeitgemäss, denn wer tut heutzutage schon etwas für einen andern.» [253] Lenz war mit Paul Celan freundschaftlich verbunden gewesen. Er war Celan bei ihrer Begegnung in Stuttgart 1953 so anders erschienen als «‹diese Fußballer› von der Gruppe 47. Seine Frau Hannah war Jüdin […]. Mit solchen Deutschen konnte Celan vertraut sein, und die Widmung des Gedichts ‹Nächtlich geschürzt› für das Ehepaar Lenz bezeugt seine Zuneigung.» [254] Für Handke verkörperte Hermann Lenz ein Deutschland, das nicht unter dem Bann der Schuld steht, und darum nahm er in seine Deutschland-Utopien gern Lenz- und Celan-Verweise auf. [255] Durch die Bücher von Hermann Lenz sei ihm *wie durch keine deutsche Literatur, zumindest nach dem Zweiten Weltkrieg, Deutschland als Topographie, als Fluß, Berge, Tal, Hügel, Lichtsystem* nähergekommen, verlockend gemacht *als eine Art Raum zu leben, Familie zu haben, Liebe zu fühlen, Geschichte zu suchen.* [256] Diese Idee eines verwandelten Lebens in Deutschland wird einmal in der *Lehre der Sainte-Victoire* vom Zug aus als utopische Wohnlandschaft gesehen, rätselhaft und wirklich zugleich: *[…] es waren Fenster; es war städtisch, menschenleer und festlich; ich sah es aus einem Zug; es waren die Häuser jenseits des Flusses; […] es war «schöne Mitte» und «Atemwende»; es war ein Rätsel; es kehrte wieder und war wirklich. Und der es sah, kam sich schlau vor wie der Inspektor Columbo bei der Lösung eines Falls; und wußte doch, daß es nie ein endgültiges Aufatmen geben konnte.* [257] Historischen Takt wird man einer solchen sich dem Pathos verweigernden Deutschland-Passage nicht absprechen können, deren Zentrum das Lenz-Zitat – «schöne Mitte» – und das utopische Wort «Atemwende» aus Celans Büchner-Preis-Rede bilden. Nichts Festgelegtes und Festgeschriebenes ist diese Utopie, nur ein Blick aus dem vorbeifahrenden Zug und das fortbestehende Wissen, *daß es nie ein endgültiges Aufatmen geben konnte.*

DIE PARISER JOURNALE

In Paris beginnt Peter Handke Journale zu führen. Die *Vornotiz* zum ersten Journal, *Das Gewicht der Welt. Ein Journal (November 1975 – März 1977)*, nennt kurz die äußeren Ereignisse dieser Jahre – *der Tod eines Freundes, ein Krankenhausaufenthalt, ein Umzug.* Die Ereignisse – der Tod von Rolf Dieter Brinkmann 1975, der eigene Krankenhausaufenthalt aufgrund massiver Herzbeschwerden im März 1976, der Umzug nach Clamart im Spätsommer 1976 – werden in den Aufzeichnungen nicht ausgeführt, es geht ihm um etwas anderes: eine *Reportage der Sprachreflexe.* Das Abenteuerliche dieses Buchs ist diese *unmittelbare, simultan festgehaltene Reportage von einem Bewußtsein,* der Versuch, auf alles, was ihm zustößt, *sofort mit Sprache zu reagieren.*

Die Aufzeichnungen seien wie *Bilde[r], die jemand von einer Expedition* mitbringt, einer Expedition, die *nur vielleicht komischer* erscheint, zu der aber nicht weniger Mut notwendig ist, weil sie in die Wildnis des Ich und des Alltags führt, nichts verdrängen will, sich explizit gegen das *tägliche Vergessen* der *Bewußtseins-Ereignisse*[258] wendet und so die sonst geheim gehaltenen destruktiven Regungen des Ich in der Sprache festhält. Die rücksichtslose, schockierende, nach den üblichen Begriffen «schamlose» Methode einer geistesgegenwärtigen Bewusstseinsreportage mit den Mitteln der Sprache ist schon selbst das Ziel: Einsicht als humane Erweiterung unseres Ich, Arbeit gegen die Besinnungslosigkeit, um einen «davon abzubringen, ohne Reflexion auf sich selbst nach außen zu schlagen»[259]. *Wenn sich jeder immer seiner absoluten Seltsamkeit und Verschrobenheit bewußt wäre, der Tatsache, daß er seine Normalität nur durch eine ununterbrochene Reihe von sorgsam verborgenen täglichen Tricks aufrechterhält, könnte er keinem andern etwas Böses antun*[260].

Ein Teil der Aufzeichnungen bezieht sich auf den Krankenhausaufenthalt in der letzten Märzwoche 1976. Es sind Sprach-Reportagen aus der Welt des Krankenhauses, eines sozialen Raums, wo das Verhältnis von innen und außen grundlegend verändert ist und alles mit zusätzlicher Bedeutung aufgeladen wird, das Zur-Seite-Gesprochene, das Nicht-Gesagte, die Hierarchie zwischen Arzt und Patient, die Gespräche der Mitpatienten, das Hineinhören in den eigenen Körper – und dann die wieder sich einstellende Wahrnehmung des Draußen: *Das Blinklicht an dem Kardiogerät, und das Blinklicht der vor dem Fenster landenden Flugzeuge*[261], der Schatten eines Vogels auf der Zimmerwand, die Geräusche eines vorbeifahrenden Zugs, bei Handke immer etwas Erleichterndes, für ein paar Augenblicke sogar ein helleres Geräusch, *als fahre er über eine kleine Brücke*[262].

Die Schönheit und das Klassische

Ich bin, mich bemühend um die Formen für meine Wahrheit, auf Schönheit aus – auf die erschütternde Schönheit, auf Erschütterung durch Schönheit; ja, auf Klassisches, Universales [263]. Der Anspruch des Klassischen in Handkes Rede auf Franz Kafka im Herbst 1979 steht quer zur Einsicht, dass nach Auschwitz die Darstellung von Schönheit zutiefst fragwürdig geworden sei. Die in einer Kafka-Rede vorgetragene klassische ‹Wende› geht genau von dieser Fragwürdigkeit aus. Eine neue Klassik – und das war kein bloß innerliterarisches oder intertextuelles Problem – muss durch das Werk Kafkas hindurchgegangen sein, durch das Werk, das die Katastrophe der Judenvernichtung vorweggenommen hat. [264] Das Bewusstsein dieser Geschichte – das für Handke entscheidende *Geschichtserlebnis* [265] – steht hinter seiner geradezu dramatischen Auseinandersetzung mit Kafka und nicht zuletzt hinter der schweren Krise bei der Arbeit an der Erzählung *Langsame Heimkehr.*

Franz Kafka ist mir, Zeit meines Schreiblebens, Satz für Satz, der Maßgebende gewesen, so beginnt die Kafka-Rede von 1979. Fünf Jahre davor, in einem Beitrag zum 50. Todestag Kafkas, hat Handke in Kafkas Werk das Gravitationszentrum des eigenen Schreibens gesehen: *Wie habe ich mich in der Scham Kafkas wiedergefunden – nein, nicht wiedergefunden, sondern überhaupt erst einmal entdeckt … und dann immer wiederentdeckt.* [266] In diesem Essay aus der Mitte der 1970er Jahre findet man die Idee, Kafka einmal aus dem *bloße[n] Bild eines Opfers* zu befreien, damit er *etwas ganz anderes werden* könne. [267] Dem veränderten Kafka-Verständnis geht die Entdeckung einer neuen, unerhörten Bedeutung des Schlusssatzes in «Der Prozeß» voraus: *[…] wenn ich an den letzten Satz aus «Der Prozeß» denke: «Es war, als sollte die Scham ihn überleben», kommt mir vor, als ob das nicht nur ein Satz wäre, sondern eine HANDLUNG, gewaltiger als alle Handlungen, von denen ich bis jetzt gehört habe.* [268] Zum Verständnis dieser unvergleichlichen *HANDLUNG*, die von Handke nicht näher bezeichnet, nie näher ausgeführt wird, es sei denn im Handeln des eigenen Werks, kann eine Notiz in *Die Geschichte des Bleistifts,* den Aufzeichnungen aus der Zeit von 1976 bis 1980, beitragen. Handke verteidigt dort den Narziss, der sonst nur als Verkörperung des Nichthandelns und der eitlen Selbstbespiegelung gilt. Er rückt ihn in die Nähe des Prometheus und anderer mythischer Empörergestalten der Antike, und am Ende dieser Inversionen des Narziss kommt Franz Kafka unmittelbar neben Goethe zu stehen: *Halt gegen die empörende Selbstgefälligkeit der Text- und Geschichten-*

und Romanhersteller immer den preisgegebenen, sich preisgebenden, nicht anders könnenden, aber doch etwas könnenden und dabei doch nie nur sich bespiegelnden, sondern auch den andern ihr Spiegelbild ermöglichenden sogenannten «Narziß» hoch! Sein anderer Name ist Prometheus, Atlas, Sisyphos, Ixion, Tantalos, Johann Wolfgang Goethe, Franz Kafka[269]. Kafka mit den mythischen Rebellenfiguren und mit Prometheus und Goethe in einer Reihe, das entspricht der gewaltigen *HANDLUNG*, die Handke bei Kafka entdeckt. Sie bedeutet, dass Goethes «klassisches» Weltvertrauen nur zu gewinnen ist, wenn man sich der Erfahrung und dem Wissen Kafkas aussetzt.

Franz Kafka (1883 – 1924).
Das letzte Foto, 1923/24

Auch wenn spätestens seit der Kafka-Rede 1979 die Beziehung zu Kafka vom Bewusstsein des eigenen Wegs bestimmt ist, an der analytischen Kraft von Kafkas Beschreibungen hat Handke nicht gezweifelt.[270] Die dezidierte Wendung gegen Kafka wird in *Wunschloses Unglück* vollzogen, wenn der Erzähler-Sohn die ergebene Haltung Karl Rossmanns in Kafkas «Amerika»-Roman für das eigene Verhältnis zur Mutter strikt zurückweist.[271] *Ich hasse Franz Kafka, den Ewigen Sohn*[272], liest man in einer späteren Eintragung in den *Phantasien der Wiederholung*, oder: *Kafka und ich als die zwei Balken des Andreaskreuzes*[273].

Die Wende zum Klassischen

Die Wende zum Klassischen, die Literaturwissenschaftler mit dem Ende der 1970er Jahre ansetzen[274], ist von lange her vorbereitet. Man könnte sogar sagen, dass beinah jedes Werk vorher diese Wende enthält. Eine solche frühe ‹Wende› zur klassischen Idee der schönen Bewegung und des Sich-leicht-Machens in der Kunst findet man schon in der erzählten Kleinhäuslerwelt der *Hornissen*, im Traumbild vom Bruder, der über die dünne Eisdecke geht. Im Theatergespräch in *Der kurze Brief zum langen Abschied* – es geht dort um Schillers «Don Carlos» – ist, mit dem Titel eines klassischen Aufsatzes von Friedrich Schiller, von der *«Anmut und Würde»* der Figuren in der Kunst die Rede.[275] Einmal nennt sich der Erzähler, von einem amerikanischen Mädchen nach seinem Namen gefragt, *Wilhelm*, wie der Held in Goethes klassischem Bildungsroman. Das drei Jahre später geschriebene Filmbuch *Falsche Bewegung* (1975) ist dann tatsächlich eine heutige Wilhelm-Meisteriade als Roadmovie. Das dramatische Gedicht *Über die Dörfer* bezeichnet Handke im Gespräch mit Herbert Gamper 1986 als seinen *«Tasso»*[276], so wie er später *Das Spiel vom Fragen* seinen *«Faust»*[277] nennt. Auf

Johann Wolfgang Goethe (1749 – 1832). Porträt von Georg Melchior Kraus, 1775 / 76

die vielen Beziehungen zu «Wilhelm Meisters Wanderjahre» in *Mein Jahr in der Niemandsbucht* (1994)[278] hat die Forschung hingewiesen.[279] Hier ist überall ein humorvolles Spiel im Gang, ein Schweben und Sich-Spiegeln[280], das nicht zu eng und zu ernst verstanden werden soll, vielmehr Teil der großen Arbeit ist, mit den Mitteln der Kunst das bedrückende Leben zu erleichtern. Selbst die dem Klassischen so gemäße Hinneigung zur Bildenden Kunst entspricht der *Lehre der Sainte-Victoire*, die Handke aus den Bildern und Schriften Cézannes entwickelt. Eine philosophische Schneiderin fasst dort die zentralen praktischen Fragen der klassischen Ästhetik anhand eines Mantels zusammen, den sie genäht hat.[281]

Der Anspruch des Klassischen kommt bei Handke gerade aus dem Leiden der Erniedrigten – *Das Pathos meiner Herkunft bewahrt mich vor dem Klassizistischen (das Zeichen des Bürgerlichen ist) und verlangt von mir das Klassische (das nicht nur mich adelt)*[282] –, und die klassischen Bücher werden gebraucht, damit sie ihm, wie es sich der jugendliche Erzähler im *Kurzen Brief* erhofft, die *Anlage zu Schrecken und Panik für immer austreiben […]. Sie waren anwendbar, nie mehr würde ich austrocknen von Angstgefühl!*[283]

JOHN FORD: DER GOETHE DES FILMS

Die Filme John Fords entsprechen Handkes Ideal des Klassischen, indem sie den jungen Erzähler in *Der kurze Brief zum langen Abschied* in der irdischen Kunst unterweisen, sich unter den Filmgestalten *in vollkommener Körper- und Geistesgegenwart unter ihresgleichen zu bewegen, von ihnen mitbewegt* – und mit der charakteristischen Handke'schen Wendung –, *doch mit einem Spielraum für mich selber, voll Ehrerbietung auch vor dem Spielraum der andern.*[284] Der Ich-Erzähler möchte John Ford als Person begegnen, um ihm sagen zu können, dass er ihn *Sinn für die Geschichte durch Anschauung von Menschen in der Natur gelehrt* und ihn *heiter gestimmt* habe[285], also gewissermaßen sein Goethe des Films wurde. Und Handke, der wirkliche Autor, Kinogeher und Filmemacher, dürfte die filmische Lehre John Fords genau so erlebt haben: als klassische Mythen, die nicht antizivilisatorisch sind, sondern sozial und politisch fortschrittlich wirken, einen tätigen Sinn für den kommunalen und staatlichen Gemeinsinn wecken und die Idee des «statehood» – wie in Fords Westernfilm «Der Mann, der Liberty

John Ford (1895 – 1973),
am Set von «Cheyenne», 1964

Valance erschoß» – gegen den Privatisierungsterror der mächtigen Grundbesitzer verteidigen. Dass sich Handke auch vom Mythos der mütterlichen Söhne in den Film-Epen John Fords angesprochen fühlen musste, zeigt die Interpretation des einen Bilds aus Fords Verfilmung von John Steinbecks «Früchte des Zorns», wo der Sohn *mit der eigenen Mutter tanzt. […] Mutter und Sohn, sich rundum drehend, werfen einander, wie auch den übrigen, schlaue wachsame Blicke* zu, ein *herzlicher Zusammenhalt*, der überspringt auf die anderen.[286] In dieser Szene findet man, wenn man will, und der Erzähler der *Lehre der Sainte-Victoire* will es, den Begriff der eigenen Künstlerschaft und die Wirkung der Kunst auf die anderen ausgedrückt.

DIE KRISE ENDE 1978

Zwischen 1979 und 1982 erscheinen die Bücher der Tetralogie *Langsame Heimkehr* (*Langsame Heimkehr, Die Lehre der Sainte-Victoire, Kindergeschichte, Über die Dörfer*). Im letzten Buch, *Über die Dörfer*, beschreibt Handke die Dramaturgie der Abfolge: *Zuerst die Geschichte von Sonne und Schnee; dann die Geschichte der Namen; dann die Geschichte eines Kindes; jetzt das dramatische Gedicht: alles zusammen soll «Langsame Heimkehr» heißen.*[287] Was so leicht und selbstverständlich dasteht, hat eine Vorgeschichte, deren existenzielle Dramatik den – unveröffentlichten – Tagebucheintragungen aus den Monaten vor dem Januar 1979 zu entnehmen ist. *Die Lehre der Sainte-Victoire*, diese so helle, mediterrane Schrift eines wie neuen künstlerischen Selbstverständnisses, trägt die Widmung: *für Hermann Lenz und Hanne Lenz, zum Dank für den Januar 1979*. Handke hatte sich im Januar 1979 in der Phase der größten Gefährdung seiner schriftstellerischen Existenz, einer lebensbedrohlichen Krise, zu dem befreundeten Ehepaar in ihr Haus in

Peter Handke in New York, aufgenommen von Wim Wenders, Herbst 1978

Stuttgart begeben, um Hilfe zu finden.[288] *Oft möchte ich Dich um Rat fragen, wie man so etwas lebendiger Seele durchsteht*, hatte er am 27. November 1978 in seiner Verzweiflung an Hermann Lenz aus New York geschrieben, wohin er aus Alaska, dem Schauplatz von *Langsame Heimkehr*, zurückgekehrt war. *Seit 45 Tagen schreibe ich tagaus, tagein und weiß oft nicht mehr, was ein Wort mit dem andern zu tun hat – was 1 Wort überhaupt sagt.*[289]

Damals, am 23. November 1978, Handke war seit fünf Wochen in New York, suchte ihn Siegfried Unseld im Hotel «Adams», 86th Street, 5th Avenue, 21. Stock, auf. Handke erschien seinem Verleger «vergeistigter», «fast verwandelt» – und merkwürdig verstört. Er habe immer wieder vor sich hin gesagt, notiert der Suhrkamp-Verleger in seinem USA-Reisebericht vom 16. bis 21. November 1978, «er würde Großartiges schreiben. Immer wieder sagte er dies vor sich hin, gleichsam als sei ich nicht da und hörte nicht zu. […] Er denkt nur an seinen Roman – den Titel, den er sich selbst ausgesucht hat: ‹Die Vorzeit-Formen. Roman›», wie das Erzähl-Unternehmen *Langsame Heimkehr* zu diesem Zeitpunkt noch hieß.[290] Diesen Besuch in einer äußersten Schreib- und Lebenskrise hat Handke in seinen Erinnerungen an Siegfried Unseld mitgeteilt: «*Adams Hotel*», *gut passend zu der den Anfang der Anfänge suchenden Erzählung «Langsame Heimkehr», mein Thema, nein, mein Vorwurf (= mein Problem) in jenen Schreibermonaten; ich dazu am Tisch dort sitzend dafür (fast) Tag und Nacht. Besuch des Verlegers in meinem Schreibgemach. […] die ungeheure Witterung Siegfried Unselds.*

*Diesmal freilich eine besondere: Witterung wie die eines alten Soldaten,
des Unheils. Unheil wo? Um mich herum, den Autor.* [291]

Die Verzweiflung in diesem mehrere Monate dauernden
Lebensabschnitt, die Angst, nicht mehr, *nie* mehr schreiben zu
können, ja *auch kein Recht mehr, zu reden,* zu haben (10. Dezember
1978) [292], die Anstrengung, sich zu einer neuen Sprache durchar-
beiten zu müssen, um überleben zu können, sind in den panisch
hingekritzelten Notaten aus dieser Zeit festgehalten. *Überleben!*
lautet die Eintragung vom 28. November 1978, und davor steht
unvermittelt ein Satz, der zeigt, dass für ihn das Recht zu schreiben noch immer keine Selbstverständlichkeit war und er keinen
Halt in der eigenen Herkunft und keine Zugehörigkeit zu einer
Kultur mehr sehen konnte. *Ich habe immer noch keine Kultur.* Die
Geschichte seines Herkommens hat ihn, und jetzt wie für immer,
eingeholt, die Welt des Nicht-sagen-Könnens und die Kriegs- und
Vernichtungsgeschichte, in die er hineingeboren wurde. Selbst die
Mutter, heißt es hier, habe *vor ihrem Tod nicht einmal gewagt, zu
sagen,* dass sie ihn liebe.

Er geht durch eine Sprach- und Selbstverdunkelung, wie sie
ihn, den doch immer Gefährdeten [293], nie ärger getroffen hat. In der
äußersten Not aber, in seinem Hunderte Notizbuchseiten füllen-
den Notieren stößt er auf die rettenden Anhaltspunkte, die letzt-
lich schon immer die Anhaltspunkte seines Lebens und Schreibens waren. Es ist das Wünschen, das weiterhilft, der Gedanke an
die anderen, die Antizipation eines Miteinanders im Schreiben.
«*Nie mehr allein sein*»: d. h., *Schreibend mit den andern sein, immer;
auch an sie schreibend, ihnen Bilder gebend* (4. Dezember 1978). S., die
Chiffre für Sorger, ist in den Notaten das brüderliche Gegenüber,
mit dem die Rettungsversuche verhandelt werden. *Um zu überleben, muß auch S. EXPERIMENTIEREN […] S. wird von einer Frau ge-
rettet, mit ihrem Körper (als er nur schwach und elendig neben ihr leben
kann) seine Wiederentdeckung, erste Entdeckung der seelennotwendigen
Sexualität.* Am Buch, das einmal *Langsame Heimkehr* heißen wird,
entzündet sich die Idee eines neuen Schreibens als Gesang: *Was
ich schreibe, muß wirklich ein Gesang werden* (12. Dezember 1978).
Gesang, das meint hier nicht nur Form und Rhythmus, sondern
selbst, in der Übereinstimmung mit der Welt, zu klingen beginnen, ein, wie es dann in der Erzählung heißen wird, *mächtiger Kla-*

gekörper sein. Mein Ausruf ist: Ich brauche dich! Aber wen rede ich an?
Ich muß zu Meinesgleichen. Aber wer ist Meinesgleichen?

In solchen, auf das Werk bezogenen Ausblicken, in der Suche nach einer neuen, tragfähigen Autorschaft, die die anderen
Menschen einschließt, erscheint das – klassische – Werk als notwendiger, letzter Ausweg für ihn und für alle Menschen, als unser
Anspruch auf das Glück. – *Glück. Ich verliere meinen kritischen Blick.*
Warum eigentlich sollte nicht j e d e r seine Meisterwerke nötig haben?
(12. Dezember 1978)

DER ERSTE SATZ

Peter Handke hat mehrmals über das Drama und das Glück des
ersten Satzes von *Langsame Heimkehr* gesprochen. Er erschien ihm,
so schwer erkämpft er auch war, wie ein Geschenk im Augenblick
der Gefahr, bedeutete für ihn den Inbegriff eines wie neu erlebten
Schreibens: *Sorger hatte schon einige ihm nah gekommene Menschen*
überlebt und empfand keine Sehnsucht mehr, doch oft eine selbstlose Da
seinslust und zuzeiten ein animalisch gewordenes, auf die Augenlider
drückendes Bedürfnis nach Heil.[294] Das trotz des Eingedenkens der
Toten beinah heitere Selbstbewusstsein des Erzählbeginns entspringt dem Wagnis, das Unmögliche möglich zu machen und
nach 1945 die Verbindung zur Klassik Goethes und Hölderlins
herzustellen – *Daseinslust, Bedürfnis nach Heil*[295] – und sogar das
ideologisch anstößigste Wort, *Heil,* wieder neu verwendbar zu machen.[296] Spricht nicht eine ähnliche ‹unverschämte› Daseinslust
aus Paul Celans Gedicht «Corona» – «es ist Zeit, daß man weiß! /
Es ist Zeit, daß der Stein sich zu blühen bequemt»[297] – oder aus
Ingeborg Bachmanns «Liedern von einer Insel» – «Einmal muß
das Fest ja kommen!»[298]? In diesen Gedichten wie in Handkes Erzählung wird das utopische «Gegenwort» der Poesie gesucht, jene
«Atemwende» (Paul Celan), die auch Theodor W. Adorno 1967
in seinem «Iphigenie»-Essay als die Idee einer Klassik andeutet,
die imstande wäre, den Bann des wie mythischen Unheils der Geschichte aufzulösen und die Gewalt der weiterwirkenden Vergangenheit zu brechen.

Es hat nach 1945 mehr Grund als jemals zuvor gegeben, der
Kunst eine neue, befreiende Kraft zuzuweisen. Einer nicht nur
trauernden Kunst, sondern auch einer in der Trauer zur Freude be

fähigenden Kunst: Ausdruck von Heilsbedürftigkeit und Daseinslust nach dem Sieg über den entsetzlichsten Unheilsstaat der bisherigen Geschichte. War nicht, wie es Jean Améry nach der Befreiung im Jahr 1945 sah, die Unfähigkeit, sich freuen zu können – die
fehlende Daseinslust genauso wie das von den Nazis von Grund
auf entstellte Heilsverlangen –, eine der sozialpsychologischen
Voraussetzungen des äußersten Unheils der NS-Vernichtungspo-
litik? «Daß der Mensch sich zu wenig freut, ist die wahre Erbsün-
de», dieser Satz Friedrich Nietzsches bekam nach 1945 eine neue
Aktualität. Erich Stöller hat ihn als Motto und Leitfaden seiner an
Nietzsche, Freud, Horkheimer und Adorno orientierten Kultur-
theorie nach 1945 – «Mythos und Aufklärung» [299] – gewählt.

DIE TETRALOGIE
«LANGSAME HEIMKEHR»

«*Hören Sie mich an. Ich möchte nicht zugrunde gehen. Im Augenblick
des großen Verlusts hatte ich den Reflex der Heimkehr, nicht nur in ein
Land, nicht nur in eine gewisse Gegend, sondern ins Geburtshaus zurück; und wollte doch immer in der Fremde bleiben*», das sind Sorgers
Worte, nachdem er die *Schwelle* ins Wohnzimmer eines befreundeten Ehepaars in Kalifornien – wir dürfen hier das Ehepaar Lenz
in Stuttgart mitdenken – überschritten hat und den Eindruck bekommt, *wieder im Spiel der Welt zu sein* und die *Geschichte des großen
Verlusts* erzählen zu können.[300]

Die Heimkehr, nicht mehr nur als Reflex, sondern als sich
langsam erweiterndes Erzählprojekt, ist der Gegenstand der Tetralogie *Langsame Heimkehr*. Auf den ersten Seiten der Titelgeschich-
te wird Sorgers Raum- und Wasser-Wissenschaft durchsichtig auf
ein zivilisatorisches Projekt, dem sich das Erzählen selbst zurech-
nen darf: Verwandlung der Wildnis und der zerstörerischen Ge-
walten durch menschliche Tätigkeit – das Erzählen – in lebbare,
tragende Beziehungen: *Sorger war beflügelt von der Vorstellung, daß
diese Wildnis vor ihm durch die Monate der Beobachtung, in der (an-
nähernden) Erfahrung ihrer Formen und deren Entstehung, zu seinem
höchstpersönlichen Raum geworden war; indem ihm die verschiedenen
an dem Landschaftsbild beteiligten Kräfte, ohne daß er sie in der Vorstellung erst herbeibemühen mußte, schon im bloßen Wahrnehmungsvor-
gang, zugleich mit dem Erfassen des großen Wassers, dessen Strömens,*

dessen Wirbel und Schnellen, gegenwärtig waren, wirkten sie, mochten sie in der Außenwelt einst auch zerstörerisch gewesen sein (und die Zerstörung immer noch fortsetzen), durch ihre Gesetze zu einer guten Innenkraft verwandelt, stärkend und beruhigend auf ihn.[301]

Die geologische Erfahrungswissenschaft, die in *Langsame Heimkehr* zum Gegenstand und zur Form des Erzählens wird, gibt einen sinnlichen Begriff des Ineinanders von Außenwelt und Innenwelt in der Psychoanalyse. Sigmund Freud hat dafür das schöne Bild von der «Trockenlegung der Zuidersee» gefunden, aber ebenso schön und wahr ist Sorgers Wissenschaft, die das Wasser nicht verdrängen muss. Jeder der anderen Bände der Tetralogie hat mit dieser Idee des Erzählens zu tun, die sich am offenkundigsten im Abenteuer der Beschreibung von Landschaften und Räumen zeigt[302], aber eben auch relevant ist für die «Geschichte im Ich» (Ingeborg Bachmann).

Die anderen Teile der Tetralogie *Langsame Heimkehr – Die Lehre der Sainte-Victoire*, *Kindergeschichte* und *Über die Dörfer* – entstehen bereits in Salzburg, wo der Autor mit seiner Tochter Amina seit dem August 1979 in einem Haus auf dem Mönchsberg wohnt. Und dieses Haus, Mönchsberg 17, hat ebenfalls seine eigene Geschichte, seine Zeitschichten und Winkel und Einflüsse, die möglicherweise nicht einmal ihrem Bewohner ganz klargeworden sind.

Das «Felsfenster» (vergittert) von Peter Handkes Salzburger Wohnung auf dem Mönchsberg, rechts daneben das «Kruckenhauser Schlösschen», wo in «Der Chinese des Schmerzes» das Gespräch über die «Schwellen» stattfindet. In «Am Felsfenster morgens» (S. 221) sieht sich der Schriftsteller dort wie «am Fenster einer Pilotenkanzel» sitzen: «[...] schon als Kind habe ich von so etwas geträumt, und nun hat es sich verwirklicht, aber auf andere Weise. »

Salzburg
1979 – 1987

Von August 1979 bis November 1987 wohnt Peter Handke in Salzburg auf dem Mönchsberg, im Anbau eines jahrhundertealten schlossartigen Gebäudes. Er bleibt dort mehr als acht Jahre, so lange, bis seine Tochter Amina das altsprachliche Akademische Gymnasium mit dem Abitur abschließt und in Wien das Studium an der Kunstakademie beginnt. In der Einleitung zu den Aufzeichnungen von *Am Felsfenster morgens (und andere Ortszeiten 1982 – 1987)* hat Handke von einer *Zeit der Seßhaftigkeit und des Wohnens in [s]einem Geburts- und Heimatland* gesprochen. In dieser Zeit, betont er ausdrücklich, haben *keinmal* große Reisen stattge-

funden; *das Wegfahren dauerte jeweils nur für kurze Expeditionen oder Abstecher in den jugoslawisch-italienischen Karst, ins Friaul, in die Pariser Vorstädte*[303]. In Salzburg schreibt Handke zuerst die anderen Bücher der Tetralogie *Langsame Heimkehr*, deren letzter Teil – das dramatische Gedicht *Über die Dörfer* für die Salzburger Festspiele – von der Rückkehr des Schriftstellers zu seinen Geschwistern in seinem Kärntner Heimatdorf handelt. *Salzburg, Herbst und Winter 1980/81*, wird als Ortszeit der Entstehung am Ende des Theatertextes angegeben.

Im Haus Mönchsberg 17, Handkes neuer Adresse in Salzburg, wohnte der österreichische Komponist Gottfried von Einem nach der Rückkehr aus dem Exil, und dort übernachtete auch Bertolt Brecht im Oktober 1948 und im August 1949, als er sich bei den Salzburger Festspielen nach Arbeits- und Kooperationsmöglichkeiten umsah.[304] Zu einer Zusammenarbeit mit den Festspielen ist es nie gekommen, eine gegen ihn gerichtete politische Kampagne machte seine Bewerbung hinfällig. Das Einzige, was von den Plänen übrig blieb – Brecht hatte «Salzburg, Mönchsberg 17» als «ständigen Wohnort» angegeben –, war die österreichische Staatsbürgerschaft für den staatenlosen Dichter aus dem Exil und ein Fragment gebliebenes Stück, «Salzburger Totentanz», das Brecht bereits zu schreiben begonnen hatte, um den «Jedermann» Hugo von Hofmannsthals, das Stück vom Sterben des reichen Mannes, durch eine politischere Version zu ersetzen.[305]

BRECHT LIEST HANDKE

Ob Brecht, wäre er Schauspieldirektor der Salzburger Festspiele geworden – er selbst hat das nie gewollt – und wäre er damals noch am Leben gewesen, Handkes 1981 fertiggestelltes dramatisches Gedicht *Über die Dörfer* zur Aufführung angenommen hätte? Das Gedankenspiel in der Möglichkeitsform kann mehr über das wirkliche Verhältnis von Handke zu Brecht sagen als die nachweisbare Auseinandersetzung mit Brecht, die bei Handke eher beiläufig und ungerecht geschieht.[306] Nur in *Straßentheater und Theatertheater* (1968) findet man eine überlegtere theoretische Würdigung von Brechts epischem Schreiben, und hier wird Brecht sogar unter seine literarischen Lehrer aufgenommen: *Brecht ist ein Schriftsteller, der mir zu denken gegeben hat. [...] Endlich erschien einem der Zustand der Welt, der vorher wie gegeben und natürlich war, gemacht: und gerade dadurch auch machbar: änderbar: nicht natürlich, nicht geschichtslos, sondern künstlich, [...] veränderungsn ö t i g. Brecht hat geholfen, mich zu erziehen.*[307] Dass Handke dann Horváth gegen Brecht ausspielte, war ungerecht, so sehr Handke von den ganz anderen *Modelle[n] der Bösartigkeit, der Hilflosigkeit, der Verwirrung,* von den *IRREN Sätze[n]* in Ödön von Horváths Stücken auch beeindruckt sein musste[308]; und Brecht mit William Faulkner und Samuel Beckett zu vergleichen, um ihn dabei als *Trivialautor* abzufertigen, zeigt nur das Elend des Vergleichens, das Handke bewusst war. *Ich konnte ihn nie leiden,* schreibt Handke.[309] Brecht stand ihm im Weg.

Brecht liest also Handke. Die Angriffe gegen das Epische Theater und seine eigene Person hätte er übergangen. Es gibt ein notwendiges, produktives Missverstehen, um den eigenen künstlerischen Weg zu finden. In Handkes Stück hätte er wahrscheinlich die Rede der *NOVA* im zweiten Teil streichen wollen. Er hätte sie dann doch als Apotheose der Erneuerung durch die Kunst stehenlassen. Aber vor allem hätte ihm die wilde Sprache mit ihrem antiken Gestus im großen ersten Bild zu denken gegeben, im Fest der Arbeiter vor der Baubaracke. Ein *Hymnos der befreiten Arbeit*[310] in einem österreichischen Dorf, von Habenichtsen angestimmt, von Arbeiterfiguren, die keine Schablonen sind, sondern Geschundene, weit Herumgekommene? Wenn *die alte Frau im einfachen dunklen Festkleid,* eine Frauengestalt, ganz anders als die *NOVA,* den ins Dorf heimgekehrten Schriftsteller, *GREGOR,* diesen Kärntner Dorf-Tasso, anschreit, dass er sie doch endlich alle hier rächen, diese Gemeinheit des fortexistierenden Kärntner Heimatdienstes abstellen und dem Ausverkauf des Landes Einhalt gebieten solle, würde das eine unerhörte Sprache auf der Bühne der Festspiele ergeben.[311] Brecht hätte der Widerspruch gefallen, dass bei den Festspielen der Reichen in Salzburg ein Stück über das so schwer ankommende, so schwer zu realisierende Fest der um den Ertrag ihrer Arbeit gebrachten, vom Fernsehen gelähmten Dorfproleten auf die Bühne kommt: *HANS: [...] Lassen wir hier jetzt Ansager und Anschaffer aus dem Spiel – [...] Heute abend ist hier ein anderes Fest! (Er ruft zur Baracke hin.) He, Mütterchen Baustelle. Heute keine Begleitmusik, keine künstlich verstärkten Stimmen, kein Flimmerzwerg, der uns die klare Nacht verzerrt. Komm: Wir feiern die Stunde der götterfreien Hände.*

Reiß dich los vom Kreuzworträtsel. [...] Stell für einmal den Fernseher ab und roll weg von den falschen Bildern.[312] Dieses Handke-Stück ist episches Theater, aber episch in einem andren Sinn, mit mehr Platz für die Tradition der großen alten Epen, für andere Rhythmen, die Brecht an Hölderlins radikale «Antigone»-Übersetzung erinnert hätten. Und der dreiundachtzigjährige Brecht hätte in Handkes Stück, wie seinerzeit, 1954, bei den Gedichten einer Kärntner Dichterin, einige – nicht wenige – Stellen mit Rotstift markiert.[313] Sie hätten von ihm sein können: *Vielleicht sind wir die Ausgebeuteten, die Erniedrigten und Beleidigten, das Salz der Erde. Aber wir stehen auch des Nachts oft auf. Wir pissen gern in den weichen Beton. Ab und zu sehen wir aus den Augenwinkeln das Kreisen der Sterne. [...] Wir fallen vom Gerüst und brechen uns beide Fersen. Wir bekommen Entfernungs-, Gefahren- und Schmutzzulagen und schlachten uns ein Schwein für den Winter.*[314] Ein roter Strich auch unter der Regieangabe: *(Albin fängt überraschend zu singen an – kein regelrechter Gesang, sondern der Singsang, wie ihn jeder Mensch zuzeiten anstimmt, wenn es der Moment*

Bühnenbild der Salzburger Festspiel-Aufführung von «Über die Dörfer», 1982. Regie: Wim Wenders, u. a. mit Libgart Schwarz als «Nova», Martin Schwab als «Gregor», Rüdiger Vogler als «Hans»

ist, nicht lauthals und doch mit Stimmgewalt.) Und zum anhebenden Singsang von *ALBIN* neben dem Song-Text ein rotes Rufzeichen von Brecht und in seiner Handschrift: «Von mir?» *ALBIN: Trat aus dem Loch in die Freiheit und trank im Keller ein Bier / es war nicht dort und es war nicht hier / und der Mann im Magazin sagte: «Nimm den Zug um Mitternacht» / und das habe ich dann gemacht / Kam an den Fluß im Morgengraun / da standen schon die elftausend Fraun / und die heilige Ursula sagte zu mir: / «Vor dem Delta im Norden erwartet uns alle das Tier.» / Schlief im Stehen und fiel dann um [...].*[315]

Es gab in dem Stück noch etwas, das Brecht zu denken gegeben hätte. Hinter der Geschichte einer Familie, dem Streit um ein Haus, der Liebe zum Herkunftsland und der Schwierigkeit, sich vom angestammten Besitz zu trennen, stand noch etwas anderes, Ungeklärtes, die Frage der Slowenen in Österreich, die Verbindung mit der Jugoslawien-Frage, eine Geschichte, zu der Brecht noch Erkundigungen hätte einholen wollen.

VERWUNDETE VÖLKER: «DIE WIEDERHOLUNG»

Die Wiederholung (1986), die größte Erzählung aus Handkes Salzburger Zeit, macht das Slowenien-Thema und die geschichtliche Wunde der Kärntner Slowenen zum Gegenstand eines neuen Epos nach 1945. In größter Distanz zum geläufigen «Habsburg-Mythos der österreichischen Literatur» (Claudio Magris) schreibt Handke über eines der «verwundeten Völker» der Habsburgermonarchie. «Politik ist Umgang mit Verwundeten», zitiert Christoph Ransmayr den sterbenskranken Friedrich Heer, den «Historiker Österreichs»: Die «Politik der Donaumonarchie hätte demnach ein behutsamer Umgang mit zutiefst verwundeten Völkern sein müssen». Heer verstand seine Arbeiten «als Tropfen, Tränen der Wiedergutmachung» der katastrophalen, am Deutschtum ausgerichteten Politik, der bereits die letzten Repräsentanten des Habsburgerreichs verfallen waren.[316]

Ein Vierteljahrhundert oder ein Tag ist vergangen, seit ich, auf der Spur meines verschollenen Bruders, in Jesenice ankam, so beginnt die Erzählung der Slowenien-Reise des Filip Kobal in *Die Wiederholung*. Der Gregor-Traum ist auch hier das *Tiefenbild* der Erzählung auf den Spuren des vermissten Bruders. An der Schwelle in das große Land übernachtet der jugendliche Erzähler in der Nische eines Tunnels, wo ihn die Schreckensträume der Vergangenheit – Sprachverlust und Krieg – einholen. Wieder hat ein Held bei Handke, extremen Erfahrungen ausgesetzt, seinen Blick und sein Erzählen neu zu begründen, um dann offener zu sein für die Wahrnehmung der vor ihm liegenden Welt, auch der des eigenen Landes, in das Filip Kobal zurückkehren wird. So ist die Reise nach Jugoslawien auch eine Reise in einen helleren Mythos.

Was den Roman so schön macht, darauf hat W. G. Sebald als Erster hingewiesen, sei die dem jüdischen Messianismus verwandte literarische Imagination einer Erlösung, die, anders als die christlich-heilsgeschichtliche, auf das Diesseits zielt und ein politisches Potenzial enthält. «Aus der ungestillten und unstillbaren Trauer» über den vermissten Gregor, den Bruder des Erzählers, erwachse der «Wunschtraum von der Heimkunft des Sohnes», den Sebald mit der Passage vom utopischen Tag der Heimkehr zitiert, wo endlich alle zu Hause wären: *So begeistert* hätten die Eltern den verschollenen Sohn verehrt, *«daß ihm die eine, auf die Nachricht von seinem Nahen, sofort «das Gemach» bereitet, die Schwelle gewaschen und die Haustür umkränzt hätte, während der andre mit der blankgeputzten Kalesche, einen vom Nachbarn geborgten Schimmel davorgespannt, einen Freudentränentropfen an der Nase, ihm in den offenen Himmel entgegengejagt wäre»* [317].

Auch in *Die Wiederholung* kommt der Auftrag zum Aufbruch des jüngeren Sohns von der Mutter, die das Leben in Kärnten als *Exil, Knechtschaft, Sprachverbot* sieht und *die Verheißung* in den slowenischen Ortsnamen beschwört, während diese für ihren Mann einzig *Schlacht- und Leidensstationen* verkörpern.[318] Ob er *denn vergessen habe, daß die letzte Nachricht von seinem Sohn, dem Widerstandskämpfer, aus der berühmten «Republik Kobarid» stamme, wo ein einzelnes Dorf sich mitten im Krieg als Republik gegen den Faschismus ausgerufen habe und es eine Zeitlang auch geblieben sei; worauf der Vater nur noch sagte, er wisse weder etwas von einer Nachricht noch von einem Widerstand* [319]. Gregor, der Deserteur aus dem Traum-Brief vom Januar 1963, wird hier, im Epos, von der Mutter als Widerstandskämpfer geträumt, und im Traum kehrt er in die Familie zurück, wozu der Erzähler-Bruder bemerkt, dass die Kobals *überhaupt nur im Traum* eine Familie sein konnten. – *Aber was war «nur im*

Traum»?[320] Und könnte man nicht sagen, dass auch das utopische *Neunte Land* Jugoslawien nur im Traum der Literatur existiert habe? Aber sollte nur dieser bald folgende Bruder-Krieg in Jugoslawien die einzige Wirklichkeit sein?

Die Erzählung lässt wieder an die Gattung des Bildungsromans denken, obwohl die Reise hier nicht nach Italien, sondern, was ganz ungewöhnlich ist, nach Jugoslawien führt. Ein junger Mann aus einer gedemütigten österreichisch-slowenischen Familie tritt auf eigene Faust und allein seine Abiturreise nach Jugoslawien an und entdeckt dort das Lernen, das Lesen, die Schrift, findet Menschen, Landschaften, Städte, die nicht vom Geld und den Waren verstellt sind, und er begegnet unter seinesgleichen dem klassischen Ideal des brüderlichen, freien Menschen. Das Porträt eines Kellners, das «mit größter Hingabe entworfen wird», so W. G. Sebald, der Handkes epische Erzählung vor der Geringschätzung durch die Zeitungskritik rettete[321], sei eine «veritable Imago des Ideals der Brüderlichkeit». Es gehöre «zum Schönsten in der deutschsprachigen Literatur des letzten Jahrzehnts, wie die Geschichte des Kellners auf drei, vier Seiten von Handke entwickelt wird». Diese Beschreibung münde in ein klassisches Bild: das Bild der Anmut einer fürsorglichen Tätigkeit – das Geschirrabwaschen, in welchem die Kunst sich ihrer selbst innewird. Es war schon spät in der Nacht, als Filip Kobal ihn zuerst in der Küche beim Abtrocknen vor einem Zuber voll Geschirr sitzen sah. Später stand er auf der Brücke über dem Sturzbach. *«In der Beuge des rechten Arms hatte er einen Tellerstapel, von dem er Teller um Teller nahm und mit der Linken einen nach dem andern, gleichmäßig und elegant, wie eine Sammlung von Spielscheiben ins Wasser segeln ließ.»*[322] Ohne jeden Kommentar bleibe diese Szene, sie werde «einfach nur erzählt und in ihrem eigenen Recht belassen. Der auf die seltsamste Weise sein Tagwerk vollendende Kellner wird dank dieser Fraglosigkeit zu einer dem Leser tief sich einprägenden Gestalt.»[323]

ÜBERSETZEN

In den Jahren der *Seßhaftigkeit* in Salzburg begann Handke mit dem Übersetzen. Es gewährte ihm nach der Erfahrung des Sprachverlusts Ende der 1970er Jahre Sicherheit und selbstverständliche Berechtigung zum Schreiben.[324] Er wollte Autoren im deutschsprachigen Raum bekannt machen, die hier keine Rolle spielten, die nicht im ‹Geschäft› waren, sodass er auch keinem professionellen Übersetzer die Arbeit wegnahm.[325] Manche Schriftsteller wurden, weil Handke sie übersetzte, sogar in ihrem eigenen Land plötzlich aufmerksamer wahrgenommen, wie im Falle von Emmanuel Bove, wo Handkes Übersetzung, so Elisabeth Schwagerle, in Frankreich eine «wahre Bove-Renaissance» auslöste.[326] Die meisten der von ihm übersetzten Autoren brachte er im Suhrkamp Verlag und im österreichischen Residenz Verlag heraus, einige Übersetzungen aus dem Slowenischen bei Wieser in Klagenfurt.

Beim Übersetzen ging es Handke um die Entdeckung und Wiederentdeckung von Büchern, die marginalisiert oder aus dem zeitgenössischen Bewusstsein ausgeschlossen waren, oder es motivierte ihn die Zuneigung zu einem Autor oder einem Thema. *Diese deutsche Übersetzung stammt von einem dankbaren Leser, dem der Moviegoer John Bickerson Bolling aus New Orleans / Gentilly über Jahre ein Wahlverwandter war*, heißt es zum Beispiel in Handkes Nachwort zur ersten erschienenen Übersetzung aus der Salzburger Zeit, dem Roman *Der Kinogeher* von Walker Percy. Dieser Moviegoer sei ihm in der Übersetzungsarbeit immer mehr vorgekommen als ein Held, *wie er nach Camus' «Fremden» kaum mehr möglich schien; und nicht nur ein Held, sondern ein Heiliger*[327].

In die Zeit noch vor der Arbeit an *Über die Dörfer* fällt seine erste Übersetzung eines slowenischen Buchs (1979/80). Er hatte die Sprache, die er aus der Kindheit kannte, vergessen und war angewiesen auf die Hilfe einer kärntner-slowenischen Dichterin und Philologin, Helga Mračnikar, die mit ihm den Roman «Der Zögling Tjaž» (1981) des österreichischen Slowenen Florjan Lipuš übersetzte, womit überhaupt zum ersten Mal ein größeres Werk aus der österreichischen slowenischen Literatur auf Deutsch erschien und im deutschsprachigen Raum, selbst in Österreich, die Existenz dieser Literatur sichtbar werden konnte.[328]

Das Übersetzen ist Teil von Handkes umwegiger, nie fallengelassener Auseinandersetzung mit seiner slowenischen Herkunft, mit diesem noch immer unterdrückten, «kaum realisierten Österreich»[329]. Handkes Übersetzungen aus dem Slowenischen sind im Sinne Friedrich Heers eine Form der «Politik», «Tropfen, Tränen der Wiedergutmachung zur Überwindung des erfolgreichsten Österreichers des zwanzigsten Jahrhunderts»[330], denn in der Hitler-Zeit war ‹man› – und dieses ‹man› hat vor allem österreichische Namen – darangegangen, diese Sprache und ihre Sprecher zu vertreiben und/oder zu vernichten. Im Nachwort zum «Zögling Tjaž» erinnert Handke an die verschwiegene *Geschichte der Kärntner Slowenen*, mit der die Verzögerung der deutschsprachigen Übersetzung zu tun hat, nachdem das Buch bereits 1972 im jugoslawischen Maribor herausgekommen war. Das Schreiben entspringe hier aus dem *aufgenötigte[n] Dasein in der Opposition*, und mit seiner Übersetzung geschehe, sagt Handke, dem sonst der Zweifel an der Berechtigung zum Schreiben nicht fremd ist, *endlich, ein Anfang des geforderten Rechts*. In den wenigen Worten zu den biographischen Daten von Florjan Lipuš, die Handke anhand von Zitaten aus dessen «*Lebensbeschreibung*» gibt, wird dieses Recht geschichtlich sinnfällig. Lipuš' Bruder war zwei Jahre alt, er sechs, «*als man die Mutter ins deutsche KZ Ravensbrück wegholte*», nur deshalb, weil sie, eine «*35jährige Frau, ihr Recht gefordert*» hatte: «*dasselbe Recht, das wir heutzutage immer noch fordern, auch ich, jetzt 35 Jahre alt*»[331]. Die nächste Übersetzung aus dem Slowenischen waren Gedichte von Gustav Januš, der für Handke neben Lipuš zu den exemplarischen Schriftstellern der slowenisch sprechenden Minderheit in Südkärnten nach dem Zweiten Weltkrieg gehört.[332] Im Nachwort zur Übersetzung des ersten Gedichtbands von Januš – von ihm wird Handke in den nächsten Jahren noch weitere Gedichtbände übersetzen – skizziert er die ins 19. Jahrhundert zurückreichende Geschichte der *Kärntner slowenischen «Schriftlichkeit»*, die zwischen den Weltkriegen, noch im eigenstaatlichen Österreich, zum Erliegen kam oder genauer: aufgrund der Emigration der Angehörigen der Intelligenz oder der mehr oder weniger erzwungenen Anpassung zum Verstummen gebracht wurde. Dann keine schriftlichen Zeugnisse mehr, *höchstens finden sich noch ein paar Verse einer Dörflerin am Vorabend ihres Todes im KZ Ravensbrück*[333].

Man muss sich diese kleinen Skizzen zur Geschichte der slowenischen Volksgruppe in Österreich vor Augen halten, um die Wut zu begreifen, mit der Handke auf das Gefasel von einem harmonischen Zusammenleben der Volksgruppen in Kärnten reagierte, als die Leitartikler großer deutscher Zeitschriften wie «Der Spiegel» ins allgemeine Mitteleuropa-Gerede einfielen und das österreichisch-deutsche Verständnis für die slawischen Völker gegen den jugoslawischen Völkerkerker ausspielten.[334]

Die Übersetzungen aus dem Slowenischen sind bis heute ein Bestandteil der viele andere Sprachen und Autoren umfassenden Übersetzungsarbeit geblieben. Ilma Rakusa, selbst Autorin und Übersetzerin, ist beeindruckt vom breiten Spektrum der von Handke übersetzten Autoren – «zwischen Aischylos und Duras, zwischen Shakespeare und Emmanuel Bove liegen Welten»[335] – und von der «von Fall zu Fall – prekär – erzeugt[en]» sprachlichen «‹Stimmigkeit›» seiner Übersetzungen, für sie «immer wieder glanzvolle künstlerische Äquivalente», die sich einem extrem genauen, mitdenkenden Leser verdanken, der Aufmerksamkeit besitzt für «Nuancen und Übergänge aller Art», «den Rhythmus und das Tempo der Sätze», «die Musik der Sprache» und «den spezifischen Tonfall», bei deren Wiedergabe Handke «gelegentlich auch eigenwillige Lösungen» anstrebe.[336]

«Das ist der Feuerbringer an die Sterblichen, das ist Prometheus»

Erst mit den Erfahrungen als Übersetzer aus dem Englischen, Französischen und Slowenischen habe sich Handke im Sommer und Frühherbst 1985 an Übersetzungen aus dem Altgriechischen, zuerst *Prometheus, gefesselt* (1986) von Aischylos, herangewagt.[337] Prometheus spielte schon bei Handkes Kafka-Deutung und in seinem Selbstverständnis als prometheischer Narziss eine besondere Rolle. Doch was hat Handke an Aischylos' «Prometheus desmotes» inhaltlich interessiert? In einem Gespräch mit dem Gräzisten Oswald Panagl meinte der Übersetzer-Autor auf diese Frage, dass ihn «das Erbarmen» angesprochen habe, das bei Sophokles «die Schöpfung über das Geschick des Prometheus empfindet»; auch die «Aufzählung der vielen exotischen – teils realen, teils erfundenen – Ortsnamen, die Prometheus bei seiner Beschreibung von Ios Reiseroute erwähnt», hätten ihn beeindruckt als «die epischen Qualitäten des Stücks.» Er empfinde überhaupt eine Art «Wahlverwandtschaft» mit der altgriechischen Literatur, mit Homer, den Dramatikern, mit Thukydides und Demokrit vor allem. *Schreiben, Übersetzen und Lesen* sind für ihn ja *Eine Handlung*[338], verbunden in der Idee der Schrift, die zwischen den Ländern und Sprachen zirkuliert und zurückreicht in die am weitesten entfernte Vergangenheit. Für dieses Übergängige, Grenzgängerische, für die *Grenznatur* der Schrift[339], gibt es in *Nachmittag eines Schriftstellers* ein Bild des Eingedenkens. Der Schriftsteller, wird uns dort berichtet, habe sich mit seinem englischen Übersetzer, es ist Ralph Manheim, wegen einiger Übersetzungsfragen getroffen. Was zu besprechen war, ist schnell geklärt, man verabschiedet sich in der Salzburger Innenstadt, und der Autor folgt ihm ungesehen auf dem Weg zum Hotel, sieht sich dabei selbst wie ein *Beschatter*, wenn er *heimlich* die Bewegungen seines Vordermanns verfolgt, der, *mit seinem wackelnden Kopf und den Hoppelbewegungen eines Hasen, eilig wirkte*, sodass die Tasche mit dem Manuskript darin, eigentlich *ein breiter, rechteckiger Flechtkorb*, in seiner Hand schaukelte. Hinter dem Übersetzer hergehend, dessen Name in *Nachmittag eines Schriftstellers* gar nicht genannt wird, denkt der Autor, gebannt von dem schaukelnden Korb, an die Welt des biblischen Ägypten, wo das Moses-Kind dem Nil übergeben wurde, um den Häschern zu entgehen. *Bis zum Hoteltor hatte er nur noch Augen für den schaukelnden Schwimmkorb, in welchem der Säugling versteckt lag, unterwegs zur Tochter des Pharao.* Handkes Sprache denkt in solchen Bildern die immer gefährdete Überlieferung der Schrift mit, bis hin zum Ausnahmezustand der Gefahr in der Zeit der letzten Bücherverbrennung, in der Zeit der Emigration des alten jüdischen Übersetzers, der jetzt, *allein, die leere Stadt erleben wollte, aus der er vor einem halben Jahrhundert hatte übers Meer flüchten müssen.*[340]

Weltreise: «Gestern unterwegs» 1987–1990

Die letzte Notiz von *Am Felsfenster morgens* hält den Ort und das Datum des Aufbruchs zur großen Reise fest: *(Jesenice, Jugoslawien, 19. November 1987; und erstmals da unterwegs auf unbestimmte Zeit)*[341]. Jesenice, die Stadt, auf deren Straßen Filip Kobal in *Die Wiederholung* zum ersten Mal einen Begriff von Jugoslawien bekam[342], ist nun, in der realen Ortszeit der Aufzeichnungen, eine erste Station der «*Weltfahrt*» des Autors. Diese führt, vor allem mit dem Autobus und mit dem Zug, zunächst in den Süden Jugoslawiens, von Mazedonien weiter nach Griechenland und von dort nach Ägypten; Mitte Januar 1988 wieder zurück nach Europa, nach Paris, dann im Februar nach Berlin, weiter nach Belgien, von dort Mitte Februar der Abflug nach Japan; Mitte März 1988 wieder zurück nach Europa, mit einem Zwischenaufenthalt in Anchorage, Alaska, ein paar Tage in der Flusswelt der *Langsamen Heimkehr*; dann nach London, von dort nach Lissabon, weiter nach Spanien, Galizien, im April nach Südfrankreich; Ende Mai über Wien und Salzburg in den slowenischen und italienischen Karst, im Juni 1988 nach Aquileia ins *Schreibhotel*[343], dann im Juli nach Paris, Ende des Monats nach Versailles, wieder in den Karst, im September wieder nach Jesenice, Ende Dezember 1988 nach England, Ende Januar 1989 zurück nach Frankreich, dann Ende Februar Spanien, immer wieder kürzere Zeit in Österreich und im slowenischen und italienischen Karst, in Deutschland, im Mai in Frankreich, Paris, Cannes, im Juni 1989 nach Italien, Lucca, Venedig, Aquileia, oft in Österreich, bis er sich im Sommer 1990 in Chaville, einem Vorort im Südwesten von Paris, niederlässt, in einem von ihm erworbenen Haus, wo er bis heute lebt, so lange an einem Ort wie nie zuvor in seinem Leben.

In der Einleitung zu dem erst fünfzehn Jahre später erschienenen Band *Gestern unterwegs (Aufzeichnungen 1987 bis Juli 1990)* nennt Handke alle vorangegangenen Aufzeichnungsbände –

Das Gewicht der Welt (1975–1977), *Die Geschichte des Bleistifts* (1976–1980), *Phantasien der Wiederholung* (1981–1982), *Am Felsfenster morgens* (1982–1987) – und gibt damit zu verstehen, dass sie einen eigenen Werkzusammenhang bilden.[344]

Im letzten Journal-Band wird die Romanik zu seinem Thema. Wieder greift Handke die Frage einer Klassik auf, die für alle Menschen von Belang ist, und entwickelt die Idee des *rein Epischen*[345]. Die folgenden großen Erzählvorhaben – hier noch unter dem Titel *Bildverlust* erörtert – sollen sie verwirklichen.[346]

DIE ROMANISCHE BILDKUNST: KLASSIK DER ARMEN

In der Romanik sei *das Gedächtnis all der Unsern, der Vorfahren, aufgehoben*, sie sei seine Welt, seine Herkunft – *Romanik, meine Dorfheimat*[347] –, sie entspreche seiner Vorstellung von Kindlichkeit, von Heiterkeit, als wäre *die klassische Antike, (wieder?) kindlich geworden*[348]. In den Gesten der romanischen Figuren sieht er gewaltlose Beziehungen verkörpert, *sozusagen Kafka-Gesten, bloße Fast-Berührungen am Handgelenk, am Ellbogen, am Knie – Heilgesten, gar vorsichtige, scheue*[349]. Er möchte zu dieser Welt gehören, in der so viel Anmut und Luftigkeit ist, *so viel Zwischenraum*[350].

So oft hat der Autor, mit *Die Hornissen* beginnend, den Mann beschrieben, den er an einem Sonntag auf einer Landstraße in Oberösterreich im Jahr 1963 allein dahingehen sah, mit weißem Hemd und *mit der flatternden Hose*[351]. Als er ihn am 17. Dezember 1987 auf einem Fresko *der Kirche des Nikolaos Orfanos in* Thessaloniki sieht, hat er doch *so etwas […] noch nie gesehen: wie herrlich der auferstandene Christus zunächst ALLEIN seines Weges wandelt, noch im weißen Leichentuch, das ihn umweht, die Rechte in die Morgendämmerlandschaft gehalten wie segnend und wie selber gesegnet von der Luft und dem dunkelblauen Himmel*[352]. Dieses schöne Übergängige von den romanischen Bildern in die Bilder von Handkes Werk und in den Alltag macht die heitere Welterforschung dieser Reiseaufzeichnungen aus. Und so sieht er auch die alltäglichen Straßenszenen unterwegs wie romanische Szenerien, in denen die Welt zum Sternbild wird: *Gestern abend, in einer dunklen Seitenstraße von Bitola, noch dunkler als die dunkle Hauptstraße: drei Esel reglos im Schneefall, rund um ihren reglosen Herrn, ein Sternbild (14. Dezember 1987)*[353].

Gestern unterwegs ist, wie *Noch einmal für Thukydides* (1990), das ‹Gestern› und das ‹Noch einmal› unmittelbar vor dem Krieg in Jugoslawien. Alles spricht hier, in den Sternbildern der Aufzeichnungen wie in den Epopöen *für Thukydides*, gegen den Krieg, ist wie eine Beschwörung gegen den Satz, den der Autor in Struga bei Ohrid am 12. Dezember 1987 in Jugoslawien gehört hat: *«Es wird Krieg geben, wir werden kämpfen!»*[354] Als würden in den Aufzeichnungen von *Gestern unterwegs* wie in der Sammlung der kleinen Epopöen *für Thukydides* noch einmal die Orte und Daten aufgezählt, an denen die Mikrostrukturen einer friedlichen Welt erfahren werden können. Am offensichtlichsten, von heute aus, in der *Epopöe vom Beladen eines Schiffs*. In ihr ist wie in jeder einzelnen der anderen Epopöen in diesem Band – gleich die folgende beschreibt die Vielfalt der *Kopfbedeckungen in Skopje* –, die kommende Katastrophe als Bedrohung mitzudenken, die Gefährdung aller Dinge, das Verschwinden und die Zerstörung eines noch unversehrten Miteinanders. Für die Epopöen in der Sammlung *Noch einmal für Thukydides* gilt, was Handke von der Darstellung der Märchendinge auf den Bildern Cézannes sagte: *[...] und doch ist es sichtlich der Moment vor dem Erdbeben: als seien diese Dinge die letzten.*[355]

Die letzte in der Sammlung kleiner Epen, sie wurde mit vier anderen in die Ausgabe von 1995 eingefügt, heißt *Epopöe vom Verschwinden der Wege oder Eine andere Lehre der Sainte-Victoire*. Die Wege sind verbrannt, die schöne mediterrane Gebirgswelt *von dem Feuer entzaubert, gleichsam entkleidet und bis auf den letzten Farbenschleier ausgezogen*[356], eine Katastrophe, in der sich, denkt man nur an die Erscheinungsdaten des Bandes – 1990 und 1995 –, die Erfahrung des Kriegs in Jugoslawien abzeichnet.

Noch einmal für Thukydides ist Geschichtsschreibung nach 1945. *Bedenk immer wieder*, notiert der Autor in *Gestern unterwegs*, den Aufzeichnungen parallel zu den Thukydides-Epopöen, *daß dein Geschichtserlebnis das des Völkermordes an den Juden ist*[357]. Es geht um die Frage, *daß (ob)* für einen Menschen und die Menschen, *die Judenvernichtung die entscheidende Geschichte oder «Nachricht» seines, ihres Lebens war*[358]. In vielen kleinen Zeichen wird diese *entscheidende Geschichte* in der ‹Schrift› von Handkes Texten im Gedächtnis bewahrt. Die Geschichtsschreibung der Epopöen, so klein ihre Gegenstände sind, so gering ihre Anlässe, ist nicht zuletzt Eingedenken dieser *entscheidende[n] Geschichte*. Die kleinen Dinge lenken nicht von der Geschichte ab, sie machen *erst recht* empfindlich für die Erfahrung der Leiden in der Geschichte.[359]

Ort und Datum dieser anderen Geschichte, in welche die *eine* hereinreicht, ist ein Sonntag, *der Morgen des 23. Juli 1989 im «Hotel Terminus» am Bahnhof Lyon-Perrache, in einem Zimmer, das unmittelbar hinaus auf das Gleisfeld ging*. Der Autor sieht vom Fenster seines Hotels die Eisenbahner über die Gleise gehen, *ihre eigenen Wege*, wie er festhält und wie er sie auch aus Österreich kennt. In *Am Felsfenster morgens* liest sich eine Stelle wie ein Prosagedicht auf die «Bahnwege»[360] und den Widerstand der österreichischen Eisenbahner. *Die seltsamen Fußpfade zwischen den Gleisfeldern der Bahnhöfe, von Schiene zu Schiene wechselnd, an abgestellten Waggons vorbei: diese Eisenbahnerpfade sind wie die Umkehrung der Zöllner- und Grenzwächterpfade, und ich dachte wieder, gestern mich auf diesen Pfaden durchs Gelände schlängelnd, an die Eisenbahner, als die fast einzigen Widerständler unter dem H-tum, als die hingerichteten (29. Mai [1987]).*[361] An einer anderen Stelle der Aufzeichnungen *Gestern unterwegs* sieht sich der Erzähler und Geschichtsschreiber in Österreich in der Obhut der Eisenbahner unterwegs: *[...] ein paar «Obhuten» gibt es noch in der unwirtlichen Heimat – ich dachte an die hingerichteten Widerstandseisenbahner von St. Veit an der Glan, 1944 (19. April 1989, Villach, vorübergehend in Ö.).*[362]

Der Autor am Fenster des *«Hotel Terminus» am Bahnhof Lyon-Perrache [...], das unmittelbar hinaus auf das Gleisfeld ging*, sieht oben im Himmel die Schwalben, unten die *episodisch die Schienen querenden «cheminots»*, und er sieht *ihr Kommen und Gehen auf dem s-förmigen Weg über die Gleise*, und es fällt ihm ein – *Jetzt erst –*, daß *das «Hotel Terminus», in dem er die Nacht zugebracht hatte, im Krieg das Folterhaus des Klaus Barbie gewesen war*. Es herrscht *die Sonntäglichkeits-Stille auch über diesem riesigen* Bahnhof, und *ins ganz offene Zimmer des «Hotel Terminus» blies der Sommersonntagswind, [...] und auf einer Schiene landete ein kleiner blauer Falter, blinkend in der Sonne, und drehte sich im Halbkreis, wie bewegt von der Hitze, und die Kinder von Izieu schrien zum Himmel, fast ein halbes Jahrhundert nach ihrem Abtransport, jetzt erst recht.*[363] Die Kinder von Izieu, das sind die auf Befehl des Lyoner Gestapo-Chefs Klaus Barbie am 6. April 1944 auf dem Hofgut der Gemeinde Izieu gefangenen und in das

Die Kinderkolonie in Izieu, Sommer 1943

Vernichtungslager Auschwitz-Birkenau deportierten jüdischen Kinder, von denen keines zurückkehrte.[364] Das *jetzt erst recht* ist das episch-poetische Gedächtnis der Epopöen, die Aufmerksamkeit für die alltäglichen Dinge, eine «Entsühnung» der Dinge als «Exorzismus» der Gespenster der Vergangenheit, die nicht in die Geschichtslosigkeit führt, sondern *erst recht* sensibilisiert für den ungeheuren Schmerz in der Geschichte. Der nicht aufhörende Schrei der Kinder ist dafür im ganzen Werk Handkes die immer gegenwärtige Stimme in der Stimmenvielfalt seiner Sprache. *Es sind die nicht endenden Schreie eines Kinds,* liest man in *Der Chinese des Schmerzes, draußen, irgendwo in der Ebene. Sie kommen nicht aus der nächsten Nachbarschaft; doch jedermann in der Siedlung (und weit darüber hinaus, in den anderen Stadtteilen) muß davon erwachen, aus dem tiefsten Schlaf, bei zweifach geschlossenen Fenstern und verriegelten Läden. Alle hören wir jetzt dieses Kinderschreien und halten den Atem an (auch wenn wir am nächsten Tag so tun werden, als sei nichts gewesen) [...]. Das Kind schreit jetzt jenes äußerste Erleiden heraus, welches beim Erwachsenen innerste Verstummung wird; wenn jeder Leidende derart schriee, müßte die Welt dann nicht längst aus der Bahn getrudelt sein?*[365]

Weiterschreiben gegen den Krieg
Chaville, 1990 und danach

Im März 1990 kaufte Peter Handke in Chaville, am südwestlichen Rand von Paris, ein Haus; im darauffolgenden Sommer zieht er ein. Es ist das dritte Mal, dass er sich wieder in Paris niederlässt. Kurz nach der Unterzeichnung des Kaufvertrags lernte er Sophie Semin kennen. Ab 1991 wohnen sie miteinander im Haus in Chaville, am 24. August 1991 wird ihre Tochter Leocadie geboren, im Herbst 1995 heiraten die Eltern. Sophie Semin, sie ist von Beruf Schauspielerin, spielte in der Wiener Burgtheater-Aufführung von *Die Fahrt im Einbaum* im Frühjahr 1999 die weibliche Hauptrolle.[366] Heute lebt sie, seit mehreren Jahren von Peter Handke getrennt, in Paris, sie sehen einander häufig, und die gemeinsame Tochter ist oft bei ihrem Vater in Chaville. Wie und warum sich das Paar getrennt hat, Sophie Semin zurück nach Paris gezogen ist, bleibt hier ebenso wie die Geschichte anderer Frauen ausgespart, unerforscht, oder genauer: Sie wird nicht ausgekundschaftet.

Auf das jahrelange Unterwegssein seit Ende 1987 folgt das *Wieder-Seßhaftwerden* Handkes, das Leben an einem Ort, der Ruhe und Kontinuität gewährt, die Voraussetzung für das große epische Vorhaben, das in den Journal-Eintra-

Leocadie, die Tochter von Sophie Semin und Peter Handke, im Garten des Hauses in Chaville, 2001

gungen unter dem Titel *Der Bildverlust* geführt wird, sich aber in den folgenden Jahren, es werden fünfzehn sein, aufspaltet in die zwei Bücher *Mein Jahr in der Niemandsbucht* (1994) und *Der Bildverlust oder Durch die Sierra de Gredos* (2002).[367]

Das letzte Jahrzehnt des zu Ende gehenden 20. Jahrhunderts war historisch gesehen eine alles andere als ruhige Zeit. In den Romanen, von *Mein Jahr in der Niemandsbucht* (1994) bis zu *Kali* (2007), und besonders in den Theaterstücken *Zurüstungen für die Unsterblichkeit* (1997), *Die Fahrt im Einbaum oder Das Stück zum Film vom Krieg* (1999) und in *Spuren der Verirrten* (2006) ist die Erfahrung einer Welt allgegenwärtig, in der ständig neue Kriege ausbrechen und die Menschen auf der Flucht sind. Es sind auch nicht mehr nur die Kriege, welche die Menschen vertreiben, sondern die globale Ökonomie zerbricht Kontinuität und Dauer und zwingt die Menschen, wie in *Kali*, zu einem weltweit üblich gewordenen Nomadenleben. Die Orte, an denen die Vertriebenen sich niederlassen, erscheinen wie Inseln der Gestrandeten. Eine *Art von Enklave* stellt das erste Bühnenbild von *Zurüstungen für die Unsterblichkeit* dar, ein leerer Platz, darauf *ein wie gestrandetes, kieloben liegendes Boot*, daneben *ein von einem verschwundenen Anwesen übriggebliebenes, türloses Portal*.[368] Der Krieg ist an der Tagesordnung; ist der eine vorbei, wird ein anderer geführt, Krieg und Frieden sind auch nicht mehr deutlich voneinander zu unterscheiden, immer tauchen plötzlich am Himmel Jagdbomber auf. Die nie zur Ruhe kommenden Wildtauben in *Lucie im Wald mit den Dingsda* sind ein Bild der Menschen auf der Flucht: «*Wildtaubenschwärme, Vögel ständig auf der Flucht, […] nie zuende geflüchtet, nie zuende geruht auf all den Fluchten, […] und derart flüchtend überleben sie, denn die Jäger suchen sie jeweils woanders, Fluchtvögel, laßt mich mitflüchten!*»[369]

«WINTERLICHE REISE»

In den 1990er Jahren, in denen in einem mörderischen Bruderkrieg Jugoslawien zerstört wird und zuletzt die NATO mit dem Bombardement vom 24. März bis 10. Juni 1999 in den Kosovo-Konflikt eingreift, nimmt Peter Handke mit mehreren literarischen Werken und in vielen Interviews zu diesem Krieg und seiner Vorgeschichte Stellung. Auf die Veröffentlichung seines Reiseberichts in der «Süddeutschen Zeitung» vom 5./6. und 13./14. Januar

1996: *Gerechtigkeit für Serbien. Winterliche Reise zu den Flüssen Donau, Save, Morawa und Drina* folgt ein in dieser Schärfe und Reichweite seltener Eklat in der Medienwelt, welcher allein schon an den Schlagzeilen großer deutschsprachiger Zeitungen abzulesen ist: «Geben Sie Ruhe, Peter Handke!»; «Wahn von Krieg und Blut und Boden»; «Der undichte Dichter»; «Entschlossen unwissend»; «Die heiligen drei Affen lassen grüßen».[370]

Ende 1996 in Sarajewo. Peter Handke reiste Jahr für Jahr mehrmals in das vom Krieg zerstörte Jugoslawien. In dem Sammelband «Noch einmal für Jugoslawien» (1999) hat Thomas Deichmann zum ersten Mal die vielen Aspekte dieser «Augenzeugenschaft» dokumentiert.

Peter Handke tritt die Serbien-Reise zu einem Zeitpunkt im November 1995 an, als mit dem Dayton-Abkommen[371], das die USA mit den Präsidenten der neuen Nationalstaaten aushandelten, politische Strukturen für eine Befriedung geschaffen werden sollten. Die konkrete Hoffnung auf einen Frieden, den das Abkommen bringen sollte, kommt in *Winterliche Reise* mehrmals zum Ausdruck, sie ist ein oft übersehener Teil der an einem möglichen Frieden orientierten Reise-Erzählung. Die Reise, die Peter Handke gemeinsam mit seiner Frau Sophie Semin und mit Zlatko Bocokić und Žarko Radaković unternahm, führte in das vom Embargo der UNO geächtete und nach außen abgeschlossene Serbien.[372]

Da den präzisen Medien-Analysen in Handkes Reisebericht schwer zu begegnen war, kritisierten die angegriffenen Journalisten den erzählerischen Teil, der allein deshalb als skandalös empfunden wurde, weil der Autor aufmerksam und mit Respekt auf die Menschen und das Leben in Serbien einging, das Land, das

Die Brücke über die Drina, auf einem Foto von Thomas Deichmann, dem Reisebegleiter Peter Handkes auf einer der Reisen durch Bosnien-Herzegowina im Jahr 1999. «Die Brücke über die Drina», der Roman von Ivo Andrić, spielt für Handkes serbische Reiseberichte eine wichtige Rolle. «Wäre es nach ihnen gegangen», schreibt Lothar Baier über die Leitartikler, die Handke vorwarfen, in seinen Serbienberichten vom Krieg weg auf Nebensächlichkeiten auszuweichen, «hätte Ivo Andrić mitten im Zweiten Weltkrieg im von den Nazis besetzten Belgrad auf keinen Fall ‹Die Brücke über die Drina› schreiben dürfen. Erfreulicherweise ist es nicht nach ‹Spiegel›, ‹FAZ›, ‹Weltwoche›, ‹Frankfurter Rundschau› und anderen Blättern gegangen.» (Krieg im Kopf. In: Die WochenZeitung, 26. Januar 1996)

doch in den meisten Ländern Europas als das Grundübel und die Ursache des Kriegs in Jugoslawien galt, dessen Präsident, Slobodan Milošević, der «Schlächter des Balkan»[373], in eine Reihe zu stellen sei mit Hitler oder Pol Pot. Aus dieser Situation sind die ungewöhnlich heftigen Reaktionen auf die Publikation der zu allen bisherigen Medienberichten gänzlich querstehenden Reiseberichte Handkes – ein halbes Jahr nach *Winterliche Reise* erschien *Sommerlicher Nachtrag zu einer Winterlichen Reise* – zu begreifen. So erklären sich nicht nur die wütenden Reaktionen bei den Zeitungsjournalisten[374], die den Krieg und wie darüber zu schreiben war, zu ihrer Sache gemacht hatten, sondern auch das große Inter-

esse beim Leserpublikum, das «bei aller Eindeutigkeit der Schuld-
zuweisung unterschwellig ein Gefühl des Unbehagens» nicht los-
wurde [375] und in die Theatersäle kam, als der Autor im März 1996,
um seinen Text unentstellt und unkommentiert präsentieren zu
können, in einigen Städten Deutschlands und Österreichs, aber
auch in Slowenien und Serbien, aus *Winterliche Reise* vorlas.

Da die alten Vorurteile vom unpolitischen Elfenbeinturmbewohner noch immer fortbestanden, wurde er für unzuständig erklärt, wenn er nun über den Jugoslawienkrieg schrieb. [376] Und wer
wollte damals schon wissen, dass Jugoslawien und der Krieg bei
Handke, wie bei kaum einem anderen Schriftsteller im deutschsprachigen Raum, ein Zentrum seines Lebens und Schreibens be-
rührten. Seit seinem ersten Roman ist sein Schreiben ein Schreiben gegen den Krieg. «Der Krieg, dieses eine Wort für alle Schrecken der Welt, ist das Epizentrum der Prosa dieses Schriftstellers,
der Bewegungsanstoß für das sanfte Gesetz seiner Ästhetik»,
sagte Jürgen Manthey 1988 in der Laudatio bei der Verleihung des
Bremer Literaturpreises an Peter Handke. Es sei «freilich nicht
ein Krieg, dem in der üblichen Abrechnung mit den Kriegen der
anderen Rechnung getragen» werde. «Es ist ein auf sich, auf die
eigene Person bezogener […] und panisch erfahrener, gleichsam
kapillarer Krieg.» Handke nehme «den Krieg gewissermaßen auf
sich, […] er wehrt sich mit dem höchsten Einsatz seiner selbst. Er
wehrt sich mit den Mitteln des Erzählers, und er zeigt uns dabei,
was für ein überlegenes, universales Instrument Literatur ist, sein
kann.» [377]

In einem Interview, das Peter Handke nach der Zeitungsveröf-
fentlichung der *Winterlichen Reise* im März 1996 gab, sagte er, dass
er nicht wisse, wie er mit seinem *weiteren Leben als Schreiber umgehen* werde: *Mein Schreiber-Leben hat einen Sprung bekommen. Einen
Sprung wie bei einem Gefäß oder einen Sprung wie «hic Rhodus, hic
salta!» – da bin ich mir selbst noch nicht sicher. Etwas wird dazukom-
men müssen, etwas, was ich immer abgelehnt habe: Historie. Geschichte.
Oder es wird überhaupt nichts mehr sein.* [378]

Aber man kann den Gang der *Historie* ablehnen und sich
trotzdem der Geschichte bewusst sein, wie es seine Beziehung zu
Slowenien als einem Teil von Jugoslawien zeigt. Ohne Filip Kobal
in *Die Wiederholung* mit dem Autor gleichzusetzen, erinnert uns

die literarische Figur daran, welche Vorstellungen sich mit Jugoslawien in den 1960er Jahren, als Filip Kobal nach Jugoslawien aufbrach, verbinden konnten. In Jesenice gibt ihm, so registriert es der jugendliche Held, das *auf den ersten Blick so unwirtliche Industriegelände hier in Jugoslawien, von unsichtbaren Händen wie für alle Zukunft in Gang gehalten, einen ganz anderen Eindruck von Arbeitern, ja überhaupt von den Menschen, als ich ihn vom eigenen Land bisher gewohnt war*[379]. Dieses Land war für ihn, den Kleinbauernsohn, das Land seiner Vorfahren: *und so, mit all seiner Fremde, auch mein eigenes Land [...], endlich fühlte ich mich, obwohl niemand sich blicken ließ, unter meinesgleichen*[380].

Das Gehen *in der Menge*, die Erfahrung, *im Straßenvolk* der jugoslawischen Industriestadt seinen Platz zu finden, *auf dem Asphalt seinen Spielraum* sich unter den vielen anderen Gehenden zu bewahren, ohne im Gleichschritt zu gehen, einander auszuweichen, das sind weit in das Werk Peter Handkes zurückreichende, körperhaft räumliche Erfahrungen der Freiheit, verbunden mit jener Imago des Mannes, den er einmal auf der Straße wie seinen eigenen Zukunftsentwurf gehen sah, aufrecht und mit den im Gehwind flatternden Hosenbeinen. In Jesenice findet der jugendliche Ich-Erzähler zu seinesgleichen, zu Leuten, die *durch die Jahrhunderte Königlose, Staatenlose, Handlanger, Knechte gewesen waren,* auf einer Straße, wo ihnen der Gebrauchswert ihrer Arbeit frei von der Tauschwertabstraktion des Geldes sinnlich und gegenständlich entgegentritt: *An dem Milchladen stand so im Gegensatz zu der Marktschreierei im Norden oder Westen nichts als das Wort für Milch, an dem Brotladen das bloße Wort für das Brot,* und selbst die Welt des Geldes *erschien* in der *Bank, «banka»,* anders als bei uns, *indem ihre Fenster keine Schaufenster, keine Auslagen darstellten*[381]. Es ist jenes Fehlende, die Abwesenheit und Leere, welche die Phantasie neu in Bewegung setzt, dem Blick des Schreibenden so gemäß, dass sich auf der Reise die Jugoslawien-Utopie mit der Idee des Schreibens und der Schrift verbindet.

DER DRITTE WEG JUGOSLAWIENS

Das aus dem Partisanenkampf hervorgegangene titoistische Jugoslawien, das einen Weg zwischen dem westlichen Kapitalismus und sowjetischen Modell der Zentralplanung suchte, bedeutete eine Alternative, in der sich die Frage des Zusammenhalts und Zusammenhangs sowohl in der nationalen Frage wie in der politisch-ökonomischen stellte. Das politische Subjekt in diesem traditionell agrarischen Raum waren die Kleinbauern, die die große Mehrheit der Befreiungsarmee in dem unterentwickelten Land gebildet hatten. Mit dem Ausscheren aus dem stalinistischen System 1948 wurde eine neue Politik der Blockfreiheit und innerhalb des multi-ethnischen Staats ein «System der Arbeiterselbstverwaltung» entwickelt, das, so die französische Historikerin Cathérine Samary, auf den Erfahrungen der Pariser Commune und der Arbeiterräte in der deutschen Räterepublik aufbaute. Dass sich im System der «Selbstverwaltung» der Betriebe die Frage des Zusammenhangs mit der «Gesellschaft» und dem Staat und damit das Problem der ungleichen regionalen und nationalen Entwicklungen und von «Plan» und marktwirtschaftlicher Schwerkraft der Verhältnisse theoretisch und praktisch stellen musste, liegt auf der Hand. Ohne hier auf die weit zurückreichenden, mit der Selbstverwaltung verbundenen Spannungen zwischen den einzelnen Teilrepubliken und Regionen einzugehen, sei nur erinnert an das Faktum des Nord-Süd-Gefälles und die in den achtziger Jahren im Gefolge der zunehmenden ökonomischen Krise diskutierten Abspaltungsszenarien von Kroatien und Slowenien, an den Druck des Internationalen Währungsfonds und der Westmächte und an den vor allem von Deutschland und Österreich favorisierten und forcierten Austritt aus dem jugoslawischen Staatsverband. Das ernüchternde Fazit der Historikerin, die, wie Handke, «die These von einem internationalen Komplott zurückweist»: Die Westmächte hätten allerdings den «Untergang der [jugoslawischen] Föderation umso schneller akzeptiert», «als man dadurch die Erinnerung an einen Entwurf des ‹dritten Weges›, der zugleich den Kapitalismus (insbesondere seine Lohnarbeitsverhältnisse) und den sowjetisch-bürokratischen Kommandosozialismus ablehnte, begraben konnte.»[382]

Solche Überlegungen weisen über die rein biographische Erklärung – die kärntner-slowenische Herkunft und die Bedeutung Sloweniens und Jugoslawiens in der Familiengeschichte Peter Handkes – hinaus und führen zu einem tiefer reichenden Verständnis dafür, warum sich Jugoslawien als schwierig auszubalancierender politischer Zusammenhang so eng mit seiner dichterischen und existenziellen «Suche nach Zusammenhang» verbinden konnte und warum dieses Land für ihn zum exemplarischen Land in Europa wurde. Dass Handke die realen Unzulänglichkeiten und die prekäre Situation Jugoslawiens nicht übersehen hat, zeigen schon die Reflexionen in der einige Jahre nach Titos Tod geschriebenen jugoslawischen Bildungsreise des Filip Kobal in *Die Wiederholung* (1986). Denn nicht erst nach dem Beginn der Zerstörung Jugoslawiens mit dem Krieg in Slowenien wird dem *Träumer* die Realität bewusst, sie war für ihn schon vorher produktive Täuschung. *Daß es eine Täuschung war*, heißt es angesichts der utopischen Erfahrung von Jugoslawien als dem Inbegriff der *freie[n] Welt, das wußte ich schon damals. [...] der Antrieb, den ich so aus der Täuschung erhielt, ist jedenfalls bis heute nicht vergangen.* [383]

Den ferneren geschichtlichen Horizont der Jugoslawien-Frage für Österreich spricht Peter Handke in *Winterliche Reise* an, wenn er an die Kriegsverbrechen erinnert, die von der k.u.k. Armee und später von der deutschen Wehrmacht und der SS in Hitlers Vernichtungskrieg vor allem an den Serben verübt wurden. Gerade aufgrund dieser Vorgeschichte wäre Österreich und Deutschland am Ende des letzten Jahrhunderts eine andere – den Frieden erhaltende – Politik aufgegeben gewesen. *Hat es meine Generation bei den Kriegen in Jugoslawien nicht verpaßt, erwachsen zu werden?*, fragt der Autor in *Winterliche Reise*. Erwachsensein, das wäre für ihn, den *Sohn eines Deutschen*, eine historisch bewusste europäische Haltung gewesen, *ausscheren aus dieser Jahrhundertgeschichte, aus dieser Unheilskette, ausscheren zu einer anderen Geschichte. // Aber wie verhielt sich meine Generation vor Jugoslawien, wo es, und darin war der neue Philosoph Glucksmann im Recht, für unsereinen um die Welt ging, dabei aber grundanders als im Spanischen Bürgerkrieg: um das reelle Europa, parallel zu dem das übrige Europa zu konstruieren gewesen wäre? [...] Erwachsenwerden, Gerechtwerden, keinen bloßen Reflex mehr verkörpern auf die Nacht des Jahrhunderts und die so noch verfinstern helfen; aufbrechen aus dieser Nacht. Versäumt? Die nach uns?* [384] Leicht abgewandelt ist in diese politische Forderung eines anderen Handelns die berühmte Tagebucheintragung Franz Kafkas vom 27. Januar 1922 eingebaut, die am besten die Position Handkes in *Winterliche Reise* und in seinen anderen Jugoslawien-Texten erklärt: «Merkwürdiger, geheimnisvoller, vielleicht gefährlicher, vielleicht erlösender Trost des Schreibens: das Hinausspringen aus der Totschlägerreihe Tat – Beobachtung, Tat – Beobachtung, indem eine höhere Art der Beobachtung geschaffen wird, eine höhere, keine schärfere, und je höher sie ist, je unerreichbarer von der ‹Reihe› aus, desto unabhängiger wird sie, desto mehr eigenen Gesetzen der Bewegung folgend, desto unberechenbarer, freudiger, steigender ihr Weg.»[385]

FRAGENDES DENKEN UND GEMEINSAMES NARRATIV

Kommt der Krieg in *Winterliche Reise*, oder schon vorher in *Abschied des Träumers vom Neunten Land*, wirklich nur am Rande vor? Ist nicht in allem, was der Autor als Erzähler sieht, der Gedanke an den Krieg enthalten? Selbst bei der Kritik der medialen Kriegsberichte ist ihm doch die Gefahr bewusst, er könnte *die serbischen Untaten, in Bosnien, in der Krajina, in Slawonien, entwirklichen helfen durch eine von der ersten Realität absehende Medienkritik*[386]. Handkes Texte zeigen die Widersprüchlichkeit seines Reagierens auf die Nachrichten vom Krieg, sein Hin- und Hergerissensein zwischen gegensätzlichen Positionen, das keinem, der diesen Krieg in der Berichterstattung der Medien verfolgt hat, fremd sein kann. Das Fragen und Sich-selbst-Befragen und das ständige Sich-selbst-in-Frage-Stellen bestimmen die Bewegung des Textes. Das Ich gibt sich in seinem affektiven Reagieren und in seinen widersprüchlichen Gedanken preis, es wird dadurch angreifbar, besonders, wenn Teile aus dem Gewebe der einander widersprechenden Gedanken in diesem sich selbst befragenden, kontrapunktischen Denken und Bedenken mehrerer Ebenen herausgelöst werden. *Aber ist es, zuletzt, nicht unverantwortlich, dachte ich dort an der Drina und denke es hier weiter, mit den kleinen Leiden in Serbien daherzukommen, […] während jenseits der Grenze das große Leid herrscht, das von Sarajewo, von Tuzla, von Srebrenica, von Bihác, an dem gemessen die serbischen Wehwehchen nichts sind? Ja, so habe auch ich mich oft Satz für Satz gefragt, ob ein derartiges Aufschreiben nicht obszön ist, sogar verpönt, verboten gehört – wodurch die Schreibweise eine noch anders abenteuerliche, gefährliche, oft sehr bedrückende (glaubt mir) wurde, und ich erfuhr, was «Zwischen Scylla und Charybdis» heißt.*

Dieses andere – verbotene – Schreiben hat den Gedanken an Versöhnung nicht aufgegeben, weiß, dass es für *einen Frieden [...] noch anderes* braucht, *was nicht weniger ist als die Fakten*, und dieses andere sollte ein Erzählen sein, das *Anstoß zum gemeinsamen Erinnern* gibt, *als der einzigen Versöhnungsmöglichkeit.*[387]

Solche Erzählungen seien, so Uri Avnery, der sich als Friedensaktivist sein Leben lang für die Versöhnung der Israelis und der Araber eingesetzt hat, die Voraussetzung einer Versöhnung. Dass das «Narrativ» der Leidensgeschichten der miteinander verfeindeten Völker keine Übergänge, keine Verbindung vom einen zum andern enthält, nichts Gemeinsames habe[388], darin liege der Grund des nicht zustande kommenden Friedens. Genau diese Öffnung des Narrativs für die Leiden der jeweils anderen ist die Quintessenz von *Abschied des Träumers*, *Winterliche Reise* und *Sommerlicher Nachtrag.* – Nie würden wohl die Panzer und Bomben *aus den Sinnen der Slowenen, vor allem der Kinder von 1991, gehen*, schreibt Peter Handke, aber auch nicht, auf der anderen Seite, das Verhalten der so tötungsbereiten jugoslawischen Grenzschützer.[389] *Und muß hier dazugesagt werden*, heißt es in *Sommerlicher Nachtrag zu einer winterlichen Reise*, wenn er die Klage um die gefallenen Söhne auf einem serbisch-orthodoxen Friedhof hört, *daß jenes Totenklagen [...] das sicher ganz gleiche, nur verschieden sich äußernde Weh woanders natürlich miteinschloß?*[390]

Srebrenica

Im Streit um Peter Handke wurde der Vorwurf erhoben, er leugne das Massaker von Srebrenica oder habe es erst sehr spät, durch eine Erklärung in der «Süddeutschen Zeitung» am 31. Mai 1996 anerkannt. Ja, er hat zu verstehen versucht, wie es zu dieser Tat kommen konnte – *«Genozid», immer noch das richtige und rechtliche Beiwort* steht in *Sommerlicher Nachtrag*[391] –, indem er nach der Vorgeschichte und dem Warum gefragt hat. Und er hat über den Genozid in Srebrenica als Schriftsteller geschrieben, in einer Form, die dem Eingedenken mit den Opfern der Shoa nahesteht und in seinem Werk zurückführt auf die Darstellung des Entsetzens beim Tod des Bruders in seinem ersten Roman, *Die Hornissen.*

Was ich aber jetzt sah, war nicht mehr außer mir, so begann die letzte Passage im Kapitel *Der Traum* im ersten Roman Peter Handkes, *Die Hornissen* (1963), die vom Tod des Bruders handelte.[392] Es ist die Passage vom mehr als dorfgroßen Autobus, in welchem alle Platz fänden, die im Krieg vernichtet wurden. Und hier ereignete sich die Verwandlung des Erzählers in die stumme Sprache *der leblosen Dinge,* die *vor Schmerzen zucken [...]: der wie in Wasser langsam schlotternden Plane im Gestänge des Daches*[393].

Nichts Außergewöhnliches wurde in dieser Aufzählung genannt – eine schlotternde Plane im Gestänge des Daches –, doch aus den leblosen Dingen sprach eine schneidende Verzweiflung. Dreißig Jahre später, 1996, kommt Peter Handke auf dieses *Zucken der leblosen Dinge* in einer verstummenden Sprache zurück. Es ist die Passage des Srebrenica-Besuchs im *Sommerlichen Nachtrag zu einer winterlichen Reise:* die flappenden Plastikplanen über den *entglasten, rußschwarzumrahmten tausend und abertausend Fensteröffnungen* – wie Dinge jenseits der Menschen. Es gibt dort *weder Bilder noch Worte* für die Natur, *nicht einmal eine Spur von einem Vogelflug über S. – auch wenn da tatsächlich noch und noch Vögel geflogen sind, [...] und im Gedächtnis laufen keine Hühner, hoppeln keine Hasen, schreien keine Esel – auch wenn da tatsächlich ...* [394]

Es schien eine Zeitlang, als gäbe es nicht mehr, was Peter Handke geschrieben hatte, sondern nur mehr, was «die Medien» aus seinen Schriften machten. Es war, als sollte das Lesen der Bücher ersetzt werden durch Meinungen.[395] Wenn Handke auf seiner Lesereise im März 1996 *Winterliche Reise* vorgelesen hat, dann, um seinen Text ohne die «Vermittlung» der «Medien» der Aufmerksamkeit und dem Urteil seiner Zuhörer zu überantworten. Seine Beschreibung, die den schnellen und eindeutigen Schuldzuweisungen ausweichen wollte, ist mehr als zehn Jahre später, am 26. Februar 2007, in einem Urteil des Internationalen Gerichtshof der Vereinten Nationen in Den Haag legitimiert worden: Danach ist «Serbien nicht des Völkermordes in der einstigen Bosniaken-Enklave Srebrenica im Sommer 1995 schuldig» und «daran auch nicht beteiligt gewesen». Allerdings habe Serbien auch nicht seine Pflicht erfüllt, den Völkermord zu verhindern, heißt es in dem Urteil weiter.[396]

Im «Nebendraußen» das Weltreich der Literatur

Denkt man an die vielen Interventionen Peter Handkes im Jugoslawien-Krieg, an die intensive Auseinandersetzung mit dem Kriegsgeschehen, die historischen Studien, an das große Lektüreprogramm nur, das er in *Rund um das Große Tribunal* an seine Leser weitergibt, damit sie die historischen Dokumente studieren können; denkt man an die vielen Jugoslawien-Reisen, die er unternimmt, die mehreren Dutzend Interviews, die er gibt, das Mitverfolgen der Prozesse in Den Haag und die juristisch-politische Auseinandersetzung mit dem Prozessgeschehen, und denkt man an alles, was damals für ihn in Jugoslawien zerbricht, wird man staunen, dass daneben, dazwischen, im «Nebendraußen» (Hermann Lenz), ein so ungewöhnlich großes und reiches literarisches Werk entstehen oder weitergeführt werden konnte. Ungewöhnlich und reich ist allein der Umfang der epischen Romane, die zwischen fünfhundert und tausend Seiten haben, aber noch viel erstaunlicher ist, wie in der Zeit des *Wieder-Seßhaftwerdens* in der Pariser Vorstadtregion, nicht nur nahe der Metropole gelegen, sondern auch hörbar nahe an den Militärflughäfen der strategischen Weltpolitik, ein so offenes, durchlässiges Werk entsteht, wo alles in Bewegung gerät, die Bücher sich öffnen und die literarischen Figuren von einem ins andere gehen, ein Kommen und Gehen zwischen den Büchern, wo Filip Kobal aus der *Wiederholung* (1986) hinüberwechseln kann in *Mein Jahr in der Niemandsbucht* (1994), wo er als Freund des Gregor Keuschnig erscheint, der Hauptfigur aus *Die Stunde der wahren Empfindung* (1975), nun nicht mehr Botschaftsattaché, sondern Schriftsteller, der aber auch wieder Züge des Autors Peter Handke angenommen hat, der in einem Lebensrückblick die eigenen Bücher, erkennbar und doch mit selbstironisch verwandelten Titeln, in der Erinnerung durchstreift. Und es kehren, verwandelt und sich weiter verwandelnd, die Schauplätze und Szenen der früheren Bücher wieder. Die Grube, in welche die

Heldin von *Der Bildverlust oder Durch die Sierra de Gredos* (2002) stürzt, ist noch immer der enge Raum zwischen den hölzernen Streben des Milchstands, wo der jugendliche Erzähler der *Hornissen* (1966) wie gefangen sitzt und lernen muss, sich aus der Enge herauszuarbeiten, *Bild eines ersten und letzten Menschen*[397], der immer wieder neu sich erhebt, um aufrecht dahinzugehen, wie der nie vergessene, auf einer Straße in Oberösterreich frei ausschreitende Mann, der im *Bildverlust* wiederkehrt als Frau, in der Aventurera auf ihrem Gang durchs Gebirge. In den Theaterstücken, die jetzt, in Chaville, nach *Das Spiel vom Fragen* (1989) und nach der langen Unterbrechung seit *Die Unvernünftigen sterben aus* (1973), weiter geschrieben werden, manchmal Jahr für Jahr, kehren diese körperlichen Grundformeln der menschlichen und sozialen Existenz wieder. Und es begegnen einem wieder die Gestalten des Familienmythos und der eigenen Herkunft, immer noch die Verlorenen, *das ständige einverstandene Zubodenfallen*, immer aber auch der Wunsch, sie zu retten, das väterliche Gesetz zu zerbrechen, sich von den Brüdern, um die sich seit ihrer Geburt alles dreht, endlich abzuwenden, *das Vatergespenst*, all die *Männereien* hinter sich zu lassen, und sich – wie *Die erste Schwester* in *Zurüstungen für die Unsterblichkeit* (1997) – *woandershin wenden wollen: Kein anderer, kein Beispringer, kein Sohn, ich selber werde die Lösung finden*[398]. Wie die Geschlechterrollen in Bewegung geraten, und fest waren sie vorher nie, das gehört zu der jetzt noch mehr in Bewegung geratenden Metamorphose des gesamten Werks. Don Juan – *Don Juan (erzählt von ihm selbst)* (2004) – erscheint, aus den anderen Büchern anderer Autoren herübergewandert, gereist, geflogen, geflüchtet, an der Trümmerstätte der Klosteranlagen von Port Royal, dort, wo auch das Massengrab der aus religiöser Staatsräson ermordeten geistlichen Schwestern liegt, und er selbst wird, indem er erzählt, zum Mystiker und Ketzer, scheint sich in eine Frau zu verwandeln, und in seinem Erzählen verwandeln sich die Frauen andererseits in Männer[399], und wir alle verwandeln uns lesend mit und werden durch dieses an sieben Tagen sich ereignende Erzählen in eine wie anfängliche, schöpfungsnahe Bewegtheit versetzt, das Feste zerfällt, alles gerät ins Fließen, und wir werden uns selbst leichter und beweglicher, offener und durchlässiger. Auch die Sprache wird in den Büchern durchlässiger für andere Sprachen, zu dem deutsch-slowenischen Wörterbuch des Filip Kobal in *Die Wiederholung* kommen nun die spanischen und die arabischen Wörterbücher, in denen sich die Welt mehrsprachig benennen und deklinieren und konjugieren lässt, und selbst die Landschaften werden nun auf Arabisch buchstabiert und *von rechts nach links* gelesen[400], und neben dem türlosen Portal, dem einzigen Überrest eines zerstörten Anwesens in *Zurüstungen für die Unsterblichkeit*, neben der zusammengekrachten Kalesche aus der Kärntner Kindheit, darauf hockend der Großvater, steht *an der Oberschwelle eine arabische Inschrift*[401], erinnernd, nach dem großen Krieg in der Kindheit des Autors, an andere Kriege in der Welt. Und die Musik, die in Chaville in der *Niemandsbucht* aus dem Kofferradio in dem französischen Stadtrandhaus erklingt, kommt von einem arabischen Sender, Erinnerung auch an den Kosmopolitismus des untergegangenen Jugoslawien, wo man einmal aus einem Lastwagen in den Bergen Sloweniens *orientalische, fast schon arabische Musik* aus dem Transistorradio eines makedonischen Chauffeurs hören konnte, eine Musik, wie die Zigeunertrompeten, die *hier einst mit tausend anderen Weisen mitgespielt hatte und inzwischen sozusagen aus dem Luftraum verbannt war*[402]. Und in diesen Jahren wird die *Mischkultur* der 1960er Jahre neu belebt, im Hin und Her und im Miteinander von Poesie und Politik, von Mündlichem und Schriftlichem, dieser so lebendigen Verbindung von Essay und Rede bei Peter Handke, nun gesammelt herausgebracht[403], im Miteinander der Gattungen und Formen, «hoher» und «niedriger» Kunstsphäre, von Philosophie und Popmusik, in einer Kunst, in der, wie im *Lied* des Sängers, *«die entferntesten Straßen […] ineinander* münden: *John Lennon, Liverpool. – Van Morrison, Dublin. – Blind Lemon Jefferson. – John Fogerty. – Lao Tse. – Blaise Pascal. – Baruch Spinoza, der davon sang, daß die Weisheit des Menschen nicht ein Nachdenken über den Tod, sondern allein das Leben ist!»*[404]

Aber es wäre dieses vielstimmige Lied des Werks und dieses Spiel der Verwandlungen nicht so beeindruckend, gäbe es nicht das Gedächtnis für den verletzten Menschenkörper, für die Menschen auf ihren Lebensreisen, von denen, wie in *Spuren der Verirrten* (2007), fast keiner mehr geht *ohne das Zeichen einer Verletzung oder Verwundung. Keiner auch, der unbeschwert dahinzieht: ein allgemeines Stolpern, Fallen, Sichaufraffen*[405], mit dem schon der junge

Szenen-Foto aus «Spuren der Verirrten», mit Marina Senckel und Konrad Singer. Aufführung im Berliner Ensemble in der Regie von Claus Peymann, dem Regisseur vieler Handke-Inszenierungen (Premiere am 17. Februar 2007)

Peter Handke in den sechziger Jahren den Kaspar auf die Bühne kommen ließ. Der Autor wusste damals, warum er die dokumentarischen Berichte, die Gerichtsakten über den gequälten Kaspar Hauser den Poetisierungen der Literatur vorgezogen hat. Kein Werk, in dem nicht eine körperliche oder seelische Verwundung vorkäme, aber die körperseelischen Wunden werden jetzt noch bewusster als die Schwellen für die Genesung erzählt, und nicht zufällig nimmt in der «Apothekergeschichte» – *In einer dunklen Nacht ging ich aus meinem stillen Haus* (1997) – ein Heilkundiger, verwundet und von Stummheit geschlagen, den Gang seiner eigenen Heilung in die Hand. *Durch unsere eigenen Wunden werden wir geheilt*[406], hatte der Priester in *Der Chinese des Schmerzes* (1983) in seiner Schwellen-Rede einen Satz aus Walter Benjamins «Passagen»-Arbeit zitiert.

In den Jahren von Chaville ist es die große Wunde Jugoslawien, deren Schmerz nun im Schreiben in große Literatur verwandelt wird.

«DIE FAHRT IM EINBAUM ODER DAS STÜCK ZUM FILM VOM KRIEG»

Das am 9. Juni 1999 im Wiener Burgtheater, noch in der Zeit der NATO-Bombardements auf Serbien und den Kosovo, in der Regie von Claus Peymann aufgeführte Theaterstück bringt alles ins Spiel, was Handkes Wissen und was seine innerste Beteiligung am Jugoslawien-Krieg ausmacht. Wenn *Die Fahrt im Einbaum oder Das Stück zum Film vom Krieg*, wie Elfriede Jelinek betont hat, das «Schlüsselstück über das ehemalige Jugoslawien» darstellt, dann auch den Schlüssel zu Handkes gesamtem Werk. «In diesem Stück ist doch alles drin. Es ist doch alles gesagt. Da steht es ja. Es ist mehr (und gleichzeitig weniger) als alles gesagt.» [407] Die Antwort des Dichters auf die Zerstörung Jugoslawiens und auf die eindimensionale Sprache der Medien war ein literarisches Werk, das den Schmerz und das Elend in dieser Geschichte darzustellen imstande war – und sich dennoch die Fähigkeit der Kunst bewahrte, zu lindern und Perspektiven des Weiterlebens zu öffnen.

Warum dieses Stück über die Zeit *«nach den letzten Tagen der Menschheit»* kein «Endspiel» ist und wie es dem *Überlebens- und Weiterlebenswillen* [408] zugetan ist, diese Frage betrifft die Grundantriebe von Handkes Schreiben und die Besonderheit seiner Poetik. Luis Machados Einsicht, in einer Endzeit angekommen zu sein – *«besetzt, ineinander verbissen, lückenlos die Erde»* –, das ist die Einsicht unseres realistischen politischen Denkens. Aber diesem Realitätssinn eines der beiden Regisseure des geplanten Films wird auf der Ebene des Erzähl-Theaters von Beginn an widersprochen: von den Namen der Regisseure – Luis Machado, Sohn des 1938, nach dem spanischen Bürgerkrieg, ins Exil getriebenen republikanischen spanischen Lyrikers Antonio Machado, und John O'Hara aus den USA, in dessen Namen die Hommage an John Ford hineingeschrieben ist und die Erinnerung an die Filmheldin im berühmtesten Film über den amerikanischen Sezessionskrieg – bis zu der letzten Verzweigung des vieldimensionalen Sinns des Einbaums: das Übersetzen als der einzigen Rettung aus der Zerfallenheit mit sich selbst und den andern. Was Luis Machado *«am stärksten nachgeht: daß die Leute hier mit dem, was sie geäußert haben, immer wieder etwas grundanderes sagen wollten. Ihre Gesten, ihre Augen und ihre Stimmen widersprachen ihrem Reden, fast Wort*

John O'Haras Forderung «Übersetzer her, simultan!» steht den poetolo-
gischen Entwürfen Ingeborg Bachmanns zum «Simultan»-Band nahe,
wo sie ihren kategorischen Imperativ des Übersetzens niedergelegt hat:
«Übersetzen ist die erste Pflicht, auch wenn sie nicht in die Charta der
Menschenrechte aufgenommen ist» (Todesarten-Projekt, München und
Wien 1995, Bd. 4, S. 17) – ein Imperativ, mit dem sich Handkes Forderung
nach neuen Übersetzern trifft (Die Fahrt im Einbaum oder Das Stück zum
Film vom Krieg, S. 124).
Handke hat seine Büchner-Preis-Rede im Herbst 1973 Ingeborg Bachmann
gewidmet. Sie kommt ebenfalls aus dem südlichen Kärnten. Ihr Schreiben,
ein Gegenentwurf zu der früh in Kärnten erlebten Grenzkampf-Mentalität,
ist getragen von der Sehnsucht nach einer Überschreitung der Grenzen
zwischen den Sprachen. «Wer weiß, wann sie dem Land die Grenzen
zogen / und um die Kiefern Stacheldrahtverhau?», fragt das wissende Ich
in Bachmanns biographischem Gedicht «Von einem Land, einem Fluß und
den Seen».

für Wort». Worauf John O'Hara, der betont anti-intellektuelle
amerikanische Regisseur, «grundanders» als sein Rollenklischee,
mit einer feinen Nietzsche-Kontrafaktur eine neue Übersetzungs-
wissenschaft begründet, die sich ganz nah berührt, bis ins Wort
«simultan», mit dem Werk Ingeborg Bachmanns: *«Mir scheint,
jeder hier bräuchte zeitweise einen Übersetzer. Keinen Gott, aber einen
Übersetzer – einen Simultanübersetzer. Es gab wohl einmal die guten
Übersetzer. Aber die, sagt man, sind tot. [...] Neue Übersetzer werden
gebraucht. Ihr Übersetzen wäre die höchste Wissenschaft; die hilfreichs-
te. Oft, im gegenseitigen Irrwitz und Haß, lacht eine Seite darüber im
tiefsten Innern. Doch das Lachen dringt nicht nicht ins Freie. Übersetzer
her, für beide Seiten – vielleicht lacht es ja genauso im Innern des andern.
Übersetzer her, simultan!»* [409]

«MEIN JAHR IN DER NIEMANDSBUCHT»

Ein Märchen aus den neuen Zeiten, so der Untertitel seines bis dahin umfangreichsten Prosawerks *Mein Jahr in der Niemandsbucht*
(1994), erscheint einem auf den ersten Blick wie die Flucht in die
Enklave seines Pariser Vororts. Geschrieben wurde das Buch, so
vermerkt es der Chronist, *Januar – Dezember 1993.* Ein heutiges
Märchen, das, in der Zeit des Kriegs in Jugoslawien, in einer Welt
der Vertreibungen und der Flucht, an der Idee des Wohnens festhält, keinem sicheren Wohnen, sondern einem Leben mit den
einst und jetzt noch von überall aus der Welt geflüchteten und

in der Waldbucht am Großstadtrand gestrandeten Menschen. Hier möchte der Erzähler *möglichst lang bleiben*, in einer Topographie, deren Zeichen an Handkes Beschreibungen seiner anderen, früheren Wohnungen erinnern, als würde er in den noch so unscheinbaren Landschaften das Märchen eines Lebensraums für den Menschen finden oder e r finden können: *das Haus, der Garten, die abgelegene Vorstadt, die Wälder, die Nachbartäler, die Zuglinien, die kaum sichtbare und umso spürbarere Nähe des großen Paris unten im Seinebecken hinter dem östlichen Hügelwald* [410].

Man kann das Buch als eine mit feinem Humor geschriebene indirekte Autobiographie lesen, in der sich von fern Goethes später Bildungsroman «Wilhelm Meisters Wanderjahre» spiegelt [411], nur dass der Erzähler hier an seinem Ort bleibt und für ihn die Freunde wie Gestirne um die Welt ziehen. Erzählt wird das entscheidende Erlebnis des Gregor Keuschnig: die am eigenen Leib erlittene Gewalttat der Verwandlung. Der *Schlag*, das *Todesurteil* und das *Würgen*, das ist die Krise im Schreiber-Leben des Autors, als er die Erzählung *Langsame Heimkehr* schreiben wollte. [412] Die eine, in den Zeichen der Sprache als Trauma vergegenwärtigte *Verwandlung – Schlag* und *Todesurteil* – habe sich verbraucht, heißt es in der Exposition des Buchs, der Ich-Erzähler sei auf *eine neue Verwandlung* aus, die sich *ohne Qual* ereignen möge. [413] Die andere, uns als Leser angehende *neue Verwandlung* könnte in dem erzählten Abenteuer zu finden sein, wie in einem gar nicht so großen und gar nicht so besonderen Raum, im «‹Zwischen›» einer Großstadtrand-Siedlung eine Welt vielfältiger Beziehungen und ein mögliches erfülltes Leben freigelegt werden. Das Festhalten an der Möglichkeit eines gelingenden Lebens, das die innere und äußere Gefährdung kennt und nicht blind ist für die nahen und fernen Katastrophen, macht die existenzielle Dimension des heutigen Märchen-Textes aus: ein Leben in einer Enklave mit oder auch nur neben anderen hierher Versprengten – unter den hier gestrandeten Kriegs- und Wirtschaftsflüchtlingen begegnet einem auch die exilierte russische Dichterin Marina Zwetajewa [414] – in einer Zeit der geschichtlichen und persönlichen Katastrophen. Das Neue in *Mein Jahr in der Niemandsbucht* wäre dann weniger der epiphanische Augenblick, den die vorangegangenen großen Romane des 20. Jahrhunderts als eine eher zufällige, nicht geplante Möglichkeit des Glücks beschworen haben, sondern das gelingende, sich öffnende und die Welt offen haltende Leben an einem Ort: *Eine Offenheit winkt, und nicht erst neuerdings, aus dem Bleiben in der Gegend hier.*[415] Die Hubschrauber und Bombenflugzeuge im Himmelsraum schärfen das Bewusstsein der frei gewählten anderen, friedlichen Raumpolitik in der Enklave nahe der Militärflugplätze von Paris. Das Erzählen der Räume am Großstadtrand, ihrer vielfältigen Gliederung, der Waldwege und der Bahnlinien, stellt eine Geopolitik der Schrift dar, das friedliche Weltgesetz des Erzählens, sodass das Erzählen im Widerstand und im fortdauernden Augenblick der Gefahr kein blindes Glück im Winkel feiert, sondern ein einziger Einspruch ist gegen die strategische Territorialisierung.

Das Fest, das die Freunde, von ihren Weltfahrten zurückgekehrt, in einer Gaststätte feiern, ist eines der vielen märchenhaften Feste im Werk Peter Handkes, ein Fest des Eingedenkens mit den Abwesenden, nicht vergessen die Not und der Krieg in der Welt draußen, aber auch körperhafte Bekundung, dass es anders sein müsste, dass es das Und-trotzdem der Freude, am Leben zu sein, gibt, die befördert wird durch das festliche ‹Werk› des Essens und Trinkens, mit ‹einer Prise Zukunft›, als die das Kind Vladimir erscheint: *Und jeder hatte mindestens einmal in dem vergangenen Jahr nachtlang in seinem Todesschweiß gelegen. Und jeder hatte seinen Geburtstag im Lauf des Jahres allein gefeiert. Und jetzt feierten wir die Geburtstage zusammen.*[416] Und als die Stunde des Erzählens kam, streifte jeder *dabei seine Sache nur, und doch hatten die Zuhörer an solchem Anklang die Welt.* Das Kind, das schon im bisherigen Werk Handkes eine so große Rolle innehat, im Jugoslawien-Epos *Die Wiederholung* sogar ein neues Erzählen begründen hilft, wird in den späteren Werken nun noch wichtiger als Bild für die Notwendigkeit der Rettung. Hier, im Fest am Schluss des *Märchens aus den neuen Zeiten*, stimmt das Kind den kreatürlichen Gesang der Freude an, *ein Tönen, das sich durch die Lüfte schwang*, mit einem *Versmaß, aus der Zeit noch vor jedem Hexameter.*[417] Und dann, bevor Ana erscheint, die Frau des Erzählers, damit alle zusammenfinden wie im Märchen, das der Titel verspricht – *Und Märchen heißt, es geht mit rechten Dingen zu* –, hält der Wirt, der kleinliche großherzige Prophet von Porchefontaine, seine Rede: «Ich habe geträumt: *Mit der Art, wie jemand aß, stellte er ein Werk her. Ich verstehe alle Tä-*

ter, Amokläufer, Krieger. Aber die einzige Vision, die ich kenne, ist die Versöhnung. Warum ist kein Frieden? Warum ist kein Frieden?», und er redet weiter und weiter und feiert die Dinge der Welt und den belebenden Wind von den Propheten her und die Schrift, die diesen belebenden Hauch weitergibt, damit kein Ende ist: *«Haarwurzelwind, Vom-Boden-Heb-Wind, Habakuk-Wind: Er ist noch da, es gibt ihn noch. Das Omega, der letzte Buchstabe des alten Alphabets, hat die Form eines Springseils.»* [418]

«DER BILDVERLUST ODER DURCH DIE SIERRA DE GREDOS»

Am Beginn des ersten Romans, *Die Hornissen,* steht das Motto: *Du wirst gehen / zurückkehren nicht sterben im Krieg –,* es ist die Übersetzung eines lateinischen Orakelspruchs [419], und es ist der knapp formulierte Wunschinhalt des Gregor-Traums vom 13. Januar 1963. Beinah vierzig Jahre später, in der Zeit nach dem Krieg in und gegen Jugoslawien, hat Peter Handke dieses Motto in *Der Bildverlust oder Durch die Sierra de Gredos* (2002) wieder aufgenommen.

Das Motto nimmt den Traum von der Desertion des Onkels Gregor als Erinnerung in das viel spätere Werk hinein. Der Bruch mit dem Kriegsgesetz, den der Traum zum Inhalt hat, ist das Tiefenmuster des Schreibens, das noch die werkchronologisch am weitesten auseinanderliegenden Romane verklammert.

Die Heldin und Aventurera, eine moderne Frau, von Beruf Bankmanagerin in einem weltumspannenden Unternehmen, ist im Roman *Der Bildverlust* immer noch in einem Kriegszustand unterwegs, über ihr am Himmel die Bombenflugzeuge. Die Aventure, auf die sie sich begibt, ist die Durchquerung des im Titel genannten spanischen Gebirgsmassivs. Die Wanderung wird, wie die vielen Wanderszenen auch in Peter Handkes Theaterstücken, zur Lebensreise, auf der sie sich hineinbegibt in die ihr Leben und unsere heutige Existenz bestimmenden Fragen: der im Titel angesprochene *Bildverlust* und, bei ihr von Berufs wegen damit zusammenhängend, die Herrschaft des Geldes, das, wie nie zuvor, nun die entferntesten Teile der Welt wie die innersten Bezirke des Ich eingenommen hat. Mit dem Zusammenhang zwischen Geldmacht und Bildverlust greift Peter Handke die zentrale Erfahrung der Moderne auf.

Den literarischen Widerstand gegen den vom Geld verursachten Bildverlust hat der Autor bei einigen seiner literarischen Gewährsleute finden können, in Adalbert Stifters Prosa oder in Hugo von Hofmannsthals «Die Briefe des Zurückgekehrten», die beide auf der ersten Seite der *Lehre der Sainte-Victoire* angesprochen werden. Die grammatisch so bewusste «epische Naivetät» Stifters reagierte bereits auf die Angstvision einer von der universellen Tauschabstraktion erfassten Welt, die mit der Industriellen Revolution heraufkam. Das Geld erblickte Stifter in diesem Schreckbild als eine gespenstische Nicht-Wirklichkeit, die sich an die Stelle der Dinge setzt und die Welt um ihre Farben und Formen bringt: das «Geld, ein Ding, erst harmlos», dann in seiner Bedeutung «wachsend», «endlich ein Dämon, seine Farbe wechselnd, statt Bild der Dinge, selbst Ding werdend, ja einzig Ding, das all die andern verschlang».[420] Von dieser Erfahrung ausgehend, versteht sich Stifters Schreiben als Rettung der Dinge in der Verteidigung ihrer Namen, im Aufzählen ihrer Merkmale, in einer sprachlichen Form, die ihnen Dauer und Glanz verleiht, dass sie, so Arnold

Stadler in seinem Stifter-Buch, «geheimnisvoll leuchten wie am ersten Tag»[421].

Peter Handke hat alles, was sein Schreiben bisher ausmacht, in diesem Gang durchs Gebirge, in den Gedanken und in den Selbstgesprächen der Protagonistin, aber auch in ihrem Erzählt-werden durch *den Autor*, das Gegenüber seiner Heldin, zum Sprechen und Klingen gebracht, in einer polyphonen thematischen Arbeit, die an die Musik der Moderne erinnert. Aber das zentrale Thema ist das Titelwort des Romans, der drohende und sich ereignende *Bildverlust*, das epochale Ereignis und das persönliche Drama der Frau, die im Gebirge unterwegs ist. In den Bildern liegt unsere individuelle Identität, sie reichen weiter als unsere Sprache, führen zurück in die Geschichte des Ich, ins Vorsprachliche, sind umfassender als die Sprache, aber in ihr können sie zum Erscheinen gebracht werden. Die Bankfrau hat an diesem epochalen Verlust durch ihren Beruf Anteil – und erkennt darin ihre Schuld. Aber mit dieser Schuld hat im Roman eine andere Schuld zu tun: die phasenweise Entfremdung von ihrem Kind, das Abhandenkommen ihrer Tochter.

Es gibt im Werk Handkes ein tiefes Wissen über die Schuld der Geschlechter in ihrem Verhältnis zueinander. Aber die noch tiefere, in den letzten Büchern und auch schon vorher in seinem Werk sich artikulierende Schuld ist die an den verlassenen, verstoßenen, verlorengegangenen Kindern. Sie ist das Schmerzzentrum der letzten Bücher, ob das die Geschichte vom verlorenen Kind in *Kali* (2007) ist, das verstoßene Kind des Apothekers – *In einer dunklen Nacht ging ich aus meinem stillen Haus* (1997) – oder das gebrochene Verhältnis des Erzählers zu seinem Sohn in *Mein Jahr in der Niemandsbucht* (1994). In *Der Bildverlust oder Durch die Sierra de Gredos* sieht sich die heutige Wanderin in einem Bildblitz plötzlich verfremdet in einer alten neuen Gestalt: *eine ihr so fremde wie vertraute Frau, weitweg verschlagen, auf einen neuen Kontinent, in einer noch nie erzählten Odyssee.* Und sie, oder er, der Erzähler, fragt sich sofort, wie *der sie durchzuckende Blitz die Unbekannte* gezeigt habe: Es ist *Odysseus in Gestalt einer Frau, und auf ihrer Odyssee nicht allein, sondern mit einem Kind, und eine derartige Odyssee, so die den Blitz begleitende Nachricht, wäre die jener des homerischen Odysseus entsprechende von heutzutage gewesen, die Odyssee einer Mutter mit ihrem*

Kind! Und wenn der Erzähler, oder sie, die erzählte Frau, dieses Bild als *einerseits daseinsversichernd, andererseits – eben zweischneidig* sieht, dann lässt der Text hier neben der Einsicht in das heutige Ausgesetztsein einer Mutter mit dem Kind auch eine Lücke für etwas Persönliches, einen Verlust, ein Scheitern, etwas Schuldhaftes, das nicht aufgeht im überlieferten Bild.[422]

Der Bildverlust war zugleich der Sturz in die Grube an einem Abhang des Gebirges. Und es beginnt wieder, wie im ersten Roman, das Sich-Herauswinden aus der Enge und Eingeschlossenheit, und weil die erzählte Figur im viel späteren Roman die ökonomischen Zusammenhänge des Absturzes kennt, geht es hier, bei der Leserin von *Adam Smith, John Maynard Keynes, Schumpeter auch Marx, Lenin, Kardelj*[423], um die Frage vom *wie-sich-aus-ihm-Herauswirtschaften*[424].

Eines der großen Abenteuer des Romans liegt darin, wie er erzählt wird. Denn die Bankfrau und Aventurera lässt sich erzählen, sie hat mit *dem Autor* einen *Liefervertrag* über das Buch abgeschlossen, das er über sie schreiben wird. Und sie gibt ihm auch dies und jenes vor, was und wie er zu schreiben hat, sodass sie, die auch die Leserin des Autors ist, als Leserin übergeht in die Rolle des Erzählers, der Erzählerin, und oft ist im Roman nicht mehr so deutlich, wer es ist, der hier spricht, und da sie, die Frau, ihm, dem Autor, gegenübersteht und keiner dem andern gleichgültig ist, beginnt in diesem Erzählen das Verhältnis von Mann und Frau zu funkeln, die Geschlechterrollen vertauschen sich, ältere Rollen und Schreiberrollen und Autorschaften kommen ins Spiel, die Eifersucht, weil sie?, er?, *eine Schreibhand im Öllampenlicht sieht, welche da schrieb und schrieb und schrieb – in einem Rhythmus, wie sie ihn noch nie gesehen hatte*, und diese Hand *auch keine Hand aus ihrem Jahrhundert* war und der, der zu dieser Hand gehörte, Miguel de Cervantes, *für ihre Geschichte der Traum-Autor gewesen wäre?* Und er, *der Gegenwartsautor im Manchadorf*, im Vergleich mit ihm, den sie sich wünschte, nichts anderes *als eine Art Notbehelf* war? Bei jenem «ander[n], ideale[n] Schreibbeauftragte[n]» hätte man gespürt, «wie man und seine Geschichte von dem fortschreitenden Schriftzug nachgezogen und unterstrichen, unterstrichen und verstärkt, verstärkt und schöngewandet, schöngewandet und wahrgemacht wurde, hätte werden können, wurde».[425]

Peter Handke in seinem Haus in Chaville, Sommer 2007.
Foto von Hans Höller

Und wir, die Leser, erinnern uns an die linkshändige Frau, die am Ende eines langen Tages sich selbst zu zeichnen begonnen hatte, und wie ihre Striche fast einen *Schwung* bekamen, und an den Filip Kobal, der vor Begeisterung über das große Land Jugoslawien, das er auf seiner Bildungs- und Lesereise zu buchstabieren lernte, mit der Hand in die Luft schrieb, so wie sie, die Aventurera, die Heldin in *Bildverlust,* auf *ihrer Ein-Frau-Expedition* die rhythmische Gliederung der Landschaft *wie eine Schriftform* sah, *samt Verknüpfungen der Einzelheiten oder Einzellettern, und ebenso auch Abständen, Abgesetztheiten oder Satzzeichen,* aber die Schrift war hier *eine arabische – die sie auch unwillkürlich von rechts nach links «las».*[426]

Als am Ende des Romans die Frau und der Autor – oder die Autorin und der Mann – zusammenfanden, die Geschichte aus war, im *Erzähllokal* die Lichter abgedreht wurden und *wir* nachhaus gingen – *fing es zu schneien an. Das war, als werde uns ein Gewand angelegt. Ein Vogel durchflog die Flocken und spielte mit ihnen.*[427]

ANMERKUNGEN

1 «Die einzige unsereinem noch verbliebene Schwelle» sei die Schwelle zwischen «Wachsein und Träumen». (Der Chinese des Schmerzes. Frankfurt a. M. 1986 [1983], S. 126 f.)

2 Zit. n. Adolf Haslinger: Peter Handke. Jugend eines Schriftstellers. Salzburg 1992, S. 68–71

3 Die Hornissen. Roman. Reinbek bei Hamburg 1968 [Frankfurt a. M. 1966], S. 143 f.

4 Die Wiederholung. Frankfurt a. M. 1989 [1986], S. 107

5 Das «Kinogehen» war eine «Flucht vor der Universität, vor den Hörsälen». (Peter Handke, Peter Hamm: Es leben die Illusionen. Gespräche in Chaville und anderswo. Göttingen 2006, S. 144)

6 Zit. n. Haslinger, S. 7

7 Sigrid Löffler, Gerhard Stackl: Die Leiden des jungen Peter Handke. In: Profil, 27. Mai 1973, S. 50

8 Die Geborgenheit unter der Schädeldecke. In: P. Handke: Als das Wünschen noch geholfen hat. Frankfurt a. M. 1974, S. 74

9 Der kurze Brief zum langen Abschied. Frankfurt a. M. 1974 [1972], S. 9

10 Franz Hohler: «Ist Ihnen oft langweilig?» Fragen an Peter Handke. In: F. Hohler: Fragen an andere. Bern 1973, S. 21

11 Einer der wenigen Hinweise: Das Umfallen der Kegel auf einer bäuerlichen Kegelbahn. In: P. Handke (Hg.): Der gewöhnliche Schrecken. Horrorgeschichten. Salzburg 1969, S. 120–130

12 Fabian Michael Hafner: Die Abwesenheit des Anderen. Slowenien, die Slowenen und das Slowenische im Werk Peter Handkes. Phil. Diss. [masch.]. Klagenfurt 2006, S. 22 (erscheint 2008 unter dem Titel: Peter Handke. Unterwegs ins Neunte Land. Wien)

13 Ebenda, S. 19

14 Haslinger, S. 14

15 Ebenda, S. 67 ff.

16 Die Lehre der Sainte-Victoire. Frankfurt a. M. 1984 [1980], S. 69

17 Interview mit Wolfgang Reiter und Christian Seiler. In: Profil, 18. März 1996, S. 81

18 Vgl. Brief an die Mutter, 3. Dezember 1961, zit. n. Haslinger, S. 14

19 Wunschloses Unglück. Erzählung. Mit einem Kommentar v. Hans Höller, unter Mitarbeit v. Franz Stadler. Frankfurt a. Main 2003 [1972], S. 25

20 Vgl. Handkes Würdigung des in Österreich so wenig bedankten slowenischen Widerstands: Wut und Geheimnis. In: P. Handke, Klaus Amann: Wut und Geheimnis. Peter Handkes Poetik der Begriffsstutzigkeit. Klagenfurt / Celovec 2002, S. 59

21 Wunschloses Unglück, S. 26 f.

22 Haslinger, S. 16

23 Zum ersten Mal erzählt in einer Deutsch-Schularbeit der 5 c im Gymnasium von Tanzenberg («Ein Vorfall der mich tief beeindruckte», 15. Oktober 1957), zit. n. Haslinger, S. 20 f.

24 Wunschloses Unglück, S. 35 f.

25 Löffler, Stackl, S. 50

26 Vgl. Haslinger, S. 21

27 Vgl. Hans Widrich: In Griffen, um Griffen und um Griffen herum. In: ide. Informationen zur Deutschdidaktik 25 (2001), S. 51 f.

28 «[…] seine Mischung aus Berliner und Kärntner Dialekt (meine Abneigung gegen jeden Dialekt!)». (Das Gewicht der Welt. EIN JOURNAL [November 1975 – März 1977]). Frankfurt a. M. 1979 [1977], S. 39

29 Die Wiederholung, S. 71

30 «Das sind die Sachen, die mich zum Schreiben bringen.» Peter Handke im Gespräch mit Ulrich Kurtz über Doppelgänger, Verstorbene, Schwellen. In: Das Goetheanum 67, 24. Januar 1988, S. 21–25

31 «1948 / an der bayrisch-österreichischen Grenze». (Die neuen Erfah-

rungen. In: P. Handke: Die Innenwelt der Außenwelt der Innenwelt.
Frankfurt a. M. 1969, S. 8 f.)
32 Haslinger, S. 19. Vgl. Mein Jahr in
der Niemandsbucht. Ein Märchen
aus den neuen Zeiten. Frankfurt
a. M. 2000 [1994], S. 578: «Mir ging
dabei auf, wie auch meine eigene
Art bestimmt wird, weiterhin, davon, daß ich einmal ein Flüchtling
war.»
33 Kleine Rede über die Stadt Salzburg. In: P. Handke: Langsam im
Schatten. Gesammelte Verzettelungen 1980–1992. Frankfurt a. M.
1995 [1992], S. 86
34 Lucie im Wald mit den Dingsda.
Eine Geschichte. Frankfurt a. M.
2001 [1999], S. 42 f.
35 Die Lehre der Sainte-Victoire,
S. 14 f.
36 «Bin ich nicht von dem romanischen Kirchenschiff meines Hei-
matdorfs beeinflußt? (D a s wäre
Psycho-Analyse).» (Phantasien der
Wiederholung. Frankfurt a. M. 1996
[1983], S. 51)
37 Gestern unterwegs. Aufzeichnungen November 1987–Juli 1990.
Salzburg u. Wien 2005, S. 208
38 Vgl. Georg Pichler: Die Beschreibung des Glücks. Peter Handke.
Eine Biographie. Wien 2002, S. 28
39 Vgl. Georg Lukács: Hölderlins
«Hyperion». In: G. Lukács: Deutsche
Literatur in zwei Jahrhunderten.
Neuwied u. Berlin 1964, S. 164;
Hölderlins Übersetzung der sophok-
leischen «Antigone» sei «von erstaunlicher Radikalität». (Bertolt
Brecht: Die Antigone des Sophokles.
Materialien zur «Antigone». Frankfurt a. M. 1969, S. 111)
40 Löffler, Stackl, S. 50
41 Vgl. Haslinger, S. 37
42 Ich bin ein Bewohner des Elfenbeinturms. In: P. Handke: Ich bin ein
Bewohner des Elfenbeinturms.
Frankfurt a. M. 1972, S. 19 f. (der
Sammelband im Folgenden zit. unter «Elfenbeinturm»)

43 Gestern unterwegs, S. 57
44 Die Geschichte des Bleistifts.
Frankfurt a. M. 1985 [1982], S. 123
45 Die Wiederholung, S. 333
46 Appetit auf die Welt. Rede eines
Zuschauers über ein Ding namens
Kino. In: P. Handke: Mündliches und
Schriftliches. Zu Büchern, Bildern
und Filmen 1992–2002. Frankfurt
a. M., S. 16. Vgl. auch das Radio-Feuilleton «Probleme werden im Film zu
einem Genre» (Elfenbeinturm, S. 84)
47 Die Hornissen, S. 95–97
48 Phantasien der Wiederholung,
S. 7
49 Der Himmel über Berlin. Ein Filmbuch von Wim Wenders und Peter
Handke. Frankfurt a. M. 1992, S. 169
50 Peter Handke im Gespräch mit
Heinz Ludwig Arnold. In: H. L. Arnold: Als Schriftsteller leben. Reinbek 1979, S. 9
51 Vgl. Haslinger, S. 50
52 Peter Laemmle, Jörg Drews (Hg.):
Wie die Grazer auszogen, die Literatur zu erobern. Texte, Porträts, Ana-
lysen und Dokumente junger österreichischer Autoren. München 1975
53 Haslinger, S. 52
54 Ebenda, S. 99
55 Ebenda, S. 52
56 Vgl. Hugo von Hofmannsthal: Ein
Brief. In: H. v. Hofmannsthal: Werke.
Bd. 2. Frankfurt a. M. 1957, S. 337 f.
57 Zit. n. Haslinger, S. 75
58 Vgl. dazu Maria Handkes Briefe v.
29. November 1961 u. 12. Juni 1963
(Haslinger, S. 56 f.)
59 Brief vom 14. Juni 1963, zit. n.
Haslinger, S. 57 f.
60 Haslinger, S. 52
61 Zit. n. Haslinger, S. 91
62 Das Gewicht der Welt, S. 253
63 «Bücherecke», 13. September
1965, zit. n. Haslinger, S. 53
64 Brief vom 29. April 1963, zit. n.
Haslinger, S. 76
65 Peter Handke im Gespräch mit
Ulrich Kurtz, S. 24
66 Die gelesenen Texte und Sende-
daten bei Alfred Holzinger: Peter

Handkes literarische Anfänge in Graz. In: Laemmle, Drews, S. 187

67 Die Überschwemmung, Heft 10, Februar/Mai 1964, Handkes erste Publikation in den «manuskripten»

68 Der Maler Peter Pongratz. In: P. Handke: Das Ende des Flanierens. Frankfurt a. M. 1980 [1982], S. 8–13

69 Vgl. die Version der Anekdote bei Georg Pichler, S. 57

70 Handke, Hamm, S. 141

71 Holzinger, S. 193

72 Zit. n. Pichler, S. 60 f.

73 Die einzige ausführlichere und verständnisvolle Rezension erschien in der «FAZ»: Helmut Scheffel: An der Erfahrungsgrenze (16. März 1966)

74 «Ein zorniger Kunstgewerbler» (Echo der Zeit, 10. Juli 1966); «Handke, wo ist dein Stachel?» (Süddeutsche Zeitung, 25./26. Juni 1966); «Zarte Seelen, trockene Texte» (Der Spiegel, 11. Juli 1966)

75 Manfred Durzak: Gespräche über den Roman. Frankfurt a. M. 1976, S. 324

76 Die Hornissen, S. 127

77 Vgl. Karl Wagner: Der Beschreibung spotten. Zu Peter Handkes «Die Hornissen». In: Herbert J. Wimmer (Hg.): Strukturen erzählen. Die Moderne der Texte. Wien 1996, S. 561–576

78 Die Hornissen, S. 42 f.

79 Ebenda, S. 144 f.

80 Die Lehre der Sainte-Victoire, S. 35

81 Zur frühen Lektüre in der eigenen Hauptschulzeit vgl. Handkes Interview zu dem von ihm ins Leben gerufenen «Lesewettbewerb» für Hauptschüler (Kleine Zeitung, 16. Mai 2007)

82 Vgl. Manfred Durzak: Peter Handke und die deutsche Gegenwartsliteratur: Narziß auf Abwegen. Stuttgart u. a. 1982, S. 49

83 Die Hornissen, S. 121

84 Vgl. Peter Hamm: In zweistimmiger Einheit. Hermann Lenz und

Peter Handke – eine Freundschaft. In: Peter Handke, Hermann Lenz: Berichterstatter des Tages. Briefwechsel. Hg. u. mit einem Nachwort vers. v. Helmut Böttiger u. a. Mit einem Essay v. Peter Hamm. Frankfurt a. M. 2006, S. 419 f.

85 Vgl. den Brücken-«Epilog». In: Der Chinese des Schmerzes, S. 243 ff.

86 Die Wiederholung, S. 333 u. S. 63 f.

87 Die Hornissen, S. 121

88 Ebenda, S. 122

89 Vgl. ebenda, S. 13

90 Ebenda, S. 151

91 Ebenda

92 Langsame Heimkehr. Erzählung. Frankfurt a. M. 1984 [1979], S. 104

93 Handke, Hamm, S. 80 f.

94 Christoph Bartmann: Die Mitteilung der Scheu. Peter Handke auf Bildern. In: Klaus Amann, Fabjan Hafner u. Karl Wagner: Peter Handke. Poesie der Ränder. Wien u. a. 2006, S. 215

95 Der Bildverlust, zit. n. Bartmann, S. 219

96 Die Hornissen, S. 111

97 Nachmittag eines Schriftstellers. Frankfurt a. M. 1989 [1987], S. 90

98 Vgl. dazu Fabjan Hafner: Peters Musiktruhe oder Handkes Jukebox: Wie ein Schriftsteller Musik hört. In: ide 25 (2001), S. 66–81

99 Zit. n. Holzinger, S. 190

100 Zit. n. Pichler, S. 50

101 Versuch über die Jukebox. In: P. Handke: Die drei Versuche. Frankfurt a. M. 2001 [1991], S. 108 f.

102 Karl Wagner: Peter Handkes Rückzug in den geschichtslosen Augenblick. In: Literatur und Kritik 134 (1979), S. 227–240

103 Versuch über die Jukebox. In: Die drei Versuche, S. 106

104 Hans Mayer [Jean Améry]: Zur Psychologie des deutschen Volkes (1945). In: J. Améry: Werke. Bd. 2: Jenseits von Schuld und Sühne. Unmeisterliche Wanderjahre. Örtlichkeiten. Hg. v. Gerhard Scheit. Stuttgart 2002, S. 500–534, Zit. S. 516

105 Vgl. Pichler, S. 75
106 Handke besprach im September
   1966 in der «Bücherecke» Hans
   Mayers «Brecht und die Tradition»
   (dtv 1965)
107 Zur Tagung der Gruppe 47 in
   USA. In: Elfenbeinturm, S. 29–34
108 «Im Wortlaut»: Peter Handkes
   ‹Auftritt› in Princeton und Hans
   Mayers Entgegnung. In: Text + Kritik 24 (1989), S. 17–20
109 Elfenbeinturm, S. 29
110 «Bücherecke», 29. November
   1965, zit. n. Holzinger, S. 194
111 Vgl. Pichler, S. 76 f.
112 André Müller: Im Gespräch
   mit Peter Handke (Juli 1971). Weitra
   1993, S. 25
113 Brief vom 31. März 1967, zit.
   n. Pichler, S. 50
114 Appetit auf die Welt. In: Mündliches und Schriftliches, S. 13
115 Brief an die Mutter, 29. April
   1962, zit. n. Haslinger, S. 92
116 Brief an die Mutter, 15. Oktober
   1962, zit. n. Haslinger, S. 92
117 Ludwig Wittgenstein: Philosophische Untersuchungen. Frankfurt
   a. M. 1967, S. 66
118 Vgl. Pichler, S. 97 f.
119 Elfenbeinturm, S. 203–207
120 Ebenda, S. 20
121 Max Frisch, Uwe Johnson: Der
   Briefwechsel 1964–1983. Hg. v.
   Eberhard Falke. Frankfurt a. M. 2001,
   S. 336 f.
122 Erika Fischer-Lichte: Vom «Theatertheater» zurück zum Theater.
   In: Wilfried Floeck (Hg.): Zeit-
   genössisches Theater in Deutschland und Frankreich. Tübingen
   1989, S. 119
123 Handke, Hamm, S. 156
124 Marcel Reich-Ranicki: Sein Weg
   zu Gott. In: FAZ, 17. November 1979
125 «Hoffentlich wird's ein Reißer»,
   das Stück sei «lang, aber nicht sehr
   lang, wie ein Film». (Brief an A. Kolleritsch, zit. n. Pichler, S. 85)
126 Sonja Buch: Zwischen Wolfskind
   und Automat. Peter Handkes «Kaspar» gelesen als Versuch einer
   elternlosen Menschheitsstiftung.
   Klagenfurt / Celovec 2005
127 Helmut Dahmer: Sigmund
   Freud; von der Objekt- zur Subjekt-
   wissenschaft, http://www.rsb4.
   de / index2
128 Heinz Ludwig Arnold: Gespräch
   mit Peter Handke. In: Text + Kritik
   24 (1976), S. 21
129 Kaspar. Frankfurt a. M. 1968
   [1967], S. 8
130 Ernst Jandl: 16 jahr. In: Laut und
   Luise. Olten 1966, S. 26
131 Elfenbeinturm, S. 25
132 Artur Joseph: Theater unter vier
   Augen, zit. n. Sonja Buch, S. 27
133 Der kurze Brief zum langen
   Abschied, S. 18
134 Ebenda, S. 142
135 Spuren der Verirrten. Frankfurt
   a. M. 2006, S. 75
136 Alexander Mitscherlich: Kaspar
   Hauser und Oedipus. In: Der Monat
   3 (1950), S. 11–18
137 Handke, Hamm, S. 156
138 Die Dressur der Objekte. In:
   Elfenbeinturm, S. 140
139 Die Hornissen, S. 133
140 Phantasien der Wiederholung,
   S. 61
141 Ernst Bloch: Leipziger Vorlesungen zur Geschichte der Philosophie 1950–1956. Bd. 3. Bearb. v. Uwe
   Opolka. Frankfurt a. M. 1985, S. 85 f.
142 Die Lehre der Sainte-Victoire,
   S. 41 f.
143 Christoph Bartmann: Suche nach
   Zusammenhang. Handkes Werk als
   Prozeß. Wien 1984
144 Falsche Bewegung. Frankfurt
   a. M. 1975
145 Kaspar, S. 61 f.
146 Versuch über den geglückten
   Tag. In: Die drei Versuche, S. 141
147 Astrid Kotze: Zur Struktur
   von Peter Handkes ‹Kaspar›. In: Raimund Fellinger (Hg.): Peter Handke.
   Frankfurt a. M. 1985, S. 86 f.
148 Der Ritt über den Bodensee.
   Frankfurt a. M. 1971 [1970], S. 48–52

149 Zum «Denkweg des ‹Hindurch!›» vgl. Bartmann: Suche, S. 51 ff.

150 «[...] als sollte sie abstürzen», in: Der Ritt über den Bodensee, S. 29

151 Ingeborg Bachmann: Alles. In: I. Bachmann: Werke. Hg. v. Christine Koschel, Inge von Weidenbaum u. Clemens Münster. Bd. 2. Frankfurt a. M. 1978, S. 143

152 Aber ich lebe nur von den Zwischenräumen. Ein Gespräch, geführt von Herbert Gamper. Frankfurt a. M. 1990 [1987], S. 256

153 Theodor W. Adorno: Ästhetische Theorie. Hg. v. Gretel Adorno u. Rolf Tiedemann. Frankfurt a. M. 1974 [1970], S. 216

154 Über die Dörfer. Dramatisches Gedicht. Frankfurt a. M. 1981, S. 103 u. S. 106

155 Kaspar, S. 80 f.

156 Ebenda, S. 100

157 Ebenda, S. 7

158 Auf die das von Kaspar dreimal wiederholte «Ich bin, der ich bin» folgt einer «dieser irren Sätze» Ödön von Horváths: «Warum fliegen da lauter so schwarze Würmer herum?» (Kaspar, S. 56)

159 Vgl. Kaspar, S. 98

160 Ebenda, S. 56

161 Ebenda, S. 101

162 Vgl. die gegen alle Tabus verstoßenden Sprach-Reportagen im Journal «Das Gewicht der Welt»

163 Aber ich lebe nur von den Zwischenräumen, S. 256

164 In Handkes dramatisiertem Sonntagsroman, Fjodor Dostojewskis «Schuld und Sühne», vierzehn Sendungen (vom 6. Februar bis 8. Mai 1966), sprach Libgart Schwarz die Sonja.

165 Brief an Alfred Holzinger, 8. September 1966, zit. n. Pichler, S. 83

166 Kindergeschichte. Frankfurt a. M. 1984 [1981], S. 31

167 Ebenda, S. 20

168 Ebenda, S. 37

169 Ebenda

170 Vgl. das dort im Juli 1972 aufgenommene Interview von André Müller: Im Gespräch mit Peter Handke, S. 9–45

171 Elfenbeinturm, S. 59–187

172 Zu Hans Dieter Müllers «Der Springer Konzern», ebenda, S. 172

173 «Durch eine mythische Tür eintreten, wo jegliche Gesetze verschwunden sind». In: Fellinger, S. 234

174 «Wie soll man leben?»: Chronik der laufenden Ereignisse. Frankfurt a. M. 1981 [1971], S. 11

175 Ebenda, S. 8 ff.

176 Ebenda, S. 30 u. S. 48 f.

177 Horváth und Brecht. In: Elfenbeinturm, S. 64

178 Paul Celan: Der Meridian. In: P. Celan: Gesammelte Werke in sieben Bänden. Bd. 3. Frankfurt a. M. 2000, S. 189

179 Roland Barthes: Die strukturalistische Tätigkeit. In: Kursbuch 5 (1966), S. 191

180 Aber ich lebe nur von den Zwischenräumen, S. 123 f.

181 Halbschlafgeschichten (Entwurf zu einem Bildungsroman). In: P. Handke: Prosa Gedichte Theaterstücke Hörspiel Aufsätze. Frankfurt a. M. 1969, S. 42–46

182 Elfenbeinturm, S. 8

183 Ebenda, S. 11–16

184 Das Standrecht. In: Prosa Gedichte u. a., S. 75–80

185 Die Welt, 28. September 1972

186 Der kurze Brief zum langen Abschied, S. 9

187 Über meinen neuen Roman «Der Hausierer». In: Fellinger, S. 36

188 Peter Handke: Kommentar zu «Die Angst des Tormanns beim Elfmeter». In: Text + Kritik 1971, S. 45 f.

189 Zit. n. Reinhard Meurer: Peter Handke. Der kurze Brief zum langen Abschied. München 1992, S. 13 f.

190 Über meinen neuen Roman «Der Hausierer». In: Fellinger, S. 36

191 Vgl. Bartmann: Suche, S. 52

192 Michael Scharang (Hg.): Über

Peter Handke. Vorwort. Frankfurt a. M. 1972, S. 13

193 Wunschloses Unglück, S. 49
194 Ebenda, S. 69
195 Ebenda, S. 65 – 68
196 Der kurze Brief zum langen Abschied, S. 9 f.
197 Ebenda, S. 13 f.
198 Die Hornissen, S. 134
199 Wunschloses Unglück, S. 65
200 Ebenda
201 Über meinen Roman «Der Hausierer». In: Fellinger, S. 37
202 Wunschloses Unglück, S. 14
203 Ebenda, S. 43
204 Ebenda, S. 42
205 Ebenda, S. 21
206 Ebenda, S. 43
207 Ebenda, S. 46
208 Georg Büchner, zit. n. Paul Celans «Meridian»-Rede. In: P. Celan: Gesammelte Werke in sieben Bänden, Bd. 3, S. 191
209 Ingeborg Bachmann: Politik und Physis. Zit. n. Typoskript Nr. 2490 in der Handschriften-Sammlung der Österreichischen Nationalbibliothek in Wien
210 «Es gehörte sicher für Peter Handke sehr viel Mut dazu, ein Buch wie ‹Wunschloses Unglück› zu schreiben.» («Mein Tod soll meine Sache sein». Jean Améry im Gespräch mit Christian Schultz-Gerstein. In: Der Spiegel, Nr. 44 [1978], S. 236)
211 Vgl. dazu Hans Höller: Kommentar, S. 100 (s. Anm. 19)
212 Wunschloses Unglück, S. 38
213 Eine Zwischenbemerkung über die Angst. In: Als das Wünschen noch geholfen hat, S. 101
214 «Durch eine mythische Tür eintreten». In: Fellinger, S. 235
215 Der erste Paris-Aufenthalt der Familie von Spätherbst 1969 bis Frühjahr 1970 (Paris, 1, Cité Chaptal)
216 Kindergeschichte, S. 58
217 Nicolas Born, Peter Handke: Die Hand auf dem Brief. In: Schreibheft.

Zeitschrift für Literatur 65 (2005), S. 19
218 Kindergeschichte, S. 57 f.
219 Ebenda, S. 59
220 Vgl. Langsame Heimkehr, S. 11 ff.
221 Elisabeth Schwagerle: Peter Handke et la France. Réception et Traduction. [masch.] Université Paris III – Sorbonne Nouvelle / Universität Wien 2006, S. 212
222 Ebenda, S. 213
223 Die Stunde der wahren Empfindung. Frankfurt a. M. 1975, S. 8 f.
224 Ebenda, S. 109
225 Ebenda, S. 113
226 «Für Ferdinand Raimund, Anton Tschechow, John Ford und all die anderen.» (Das Spiel vom Fragen oder Die Reise zum sonoren Land. Frankfurt a. M. 1989, S. 5)
227 Die Stunde der wahren Empfindung, S. 82. Der Satz lautet bei Benjamin: «Was aber solche Namen [gemeint sind Epochennamen wie «Renaissance» oder «Barock»] als Begriffe nicht vermögen, leisten sie als Ideen […].» (Walter Benjamin: Ursprung des deutschen Trauerspiels [Erkenntniskritische Vorrede]. Frankfurt a. M. 1969 [1963], S. 24)
228 Die Stunde der wahren Empfindung, S. 81 – 83
229 Ebenda, S. 161
230 Ebenda, S. 166
231 Die Lehre der Sainte-Victoire, S. 26 f.
232 «Durch eine mythische Tür eintreten». In: Fellinger, S. 235
233 Ebenda, S. 236
234 Ebenda, S. 240
235 Ebenda, S. 235
236 Die linkshändige Frau. Erzählung. Frankfurt a. M. 1976 [1981], S. 35
237 Ebenda, S. 27
238 Hafner: Peters Musiktruhe, S. 72
239 Die linkshändige Frau, S. 22
240 Ebenda, S. 130 f.
241 Ebenda, S. 131
242 Zit. n. Schwagerle, S. 256
243 Ebenda, S. 227

244 Nicole Casanova, zit. n. ebenda, S. 227

245 Born, Handke: Briefwechsel, S. 4

246 Vgl. Durzak: Peter Handke und die deutsche Gegenwartsliteratur

247 Vgl. Josef Haslinger: Hausdurchsuchung im Elfenbeinturm. Essay. Frankfurt a. M. 1996, S. 91 f.

248 Zu den Preisträgern seit 1975 zählen Autorinnen und Autoren wie Rolf Dieter Brinkmann, Sarah Kirsch, Ludwig Hohl, Ilse Aichinger, Gustav Januš, Jan Skácel, Paul Wühr, John Berger, Michael Hamburger, Gennadij Aajgi, Helmut Färber, Walter Kappacher.

249 Brief an Nicolas Born, 8. Januar 1975. In: Born, Handke: Briefwechsel, S. 7

250 Brief vom 5. Februar 1975, ebenda, S. 9

251 Meine Ortstafeln – Meine Zeittafeln. Essays 1967 – 2007. Frankfurt a. M. 2007

252 Die Besprechung «scheint leider verschollen» (Peter Hamm: In zweistimmiger Einheit, S. 418)

253 Hermann Lenz: Brief an Peter Handke vom 3. Februar 1974. In: Handke, Lenz: Briefwechsel, S. 37

254 Vgl. Wolfgang Emmerich: Paul Celan. Reinbek 1999, S. 102

255 Die Deutschland-Utopie in «Mein Jahr in der Niemandsbucht» (S. 549) bezieht sich auf Paul Celans Gedächtnis-Gedicht für Rosa Luxemburg und Karl Liebknecht (DU LIEGST. In: P. Celan: Gesammelte Werke in sieben Bänden, Bd. 2, S. 334)

256 Hermann Lenz, der Epiker des «und», «bei» und «mit». Rede zur Verleihung des Europäischen Literaturpreises. In: Mündliches und Schriftliches, S. 104

257 Die Lehre der Sainte-Victoire, S. 77

258 Das Gewicht der Welt, S. 7 f.

259 Theodor W. Adorno: Erziehung nach Auschwitz. In: Th. W. Adorno: Stichworte. Kritische Modelle 2. Frankfurt a. M. 1969, S. 87

260 Das Gewicht der Welt, S. 72 f.

261 Ebenda, S. 72

262 Ebenda, S. 77

263 Rede zur Verleihung des Franz-Kafka-Preises. In: Das Ende des Flanierens, S. 157

264 Vgl. Walter Benjamin: Brief an Gershom Scholem. Paris, 12. Juni 1938. In: W. Benjamin: Über Literatur. Frankfurt a. M. 1969, S. 200

265 Gestern unterwegs. Aufzeichnungen November 1987 bis Juli 1990. Salzburg u. Wien 2005, S. 218

266 Zu Franz Kafka. In: Das Ende des Flanierens, S. 153 f. (zuerst in: FAZ, 1. Juni 1974)

267 Ebenda, S. 154 f.

268 Ebenda, S. 154

269 Die Geschichte des Bleistifts, S. 45

270 «[…] daß mich […] nur noch seine Beschreibungen» interessieren. (Das Gewicht der Welt, S. 79)

271 Vgl. Wunschloses Unglück, S. 52

272 Phantasien der Wiederholung, S. 94

273 Ebenda, S. 51

274 Vgl. Norbert Christian Wolf: Der «Meister des sachlichen Sagens» und sein Schüler. Zu Handkes Auseinandersetzung mit Goethe in der Filmerzählung «Falsche Bewegung». In: Klaus Amann u. a., S. 181 – 199

275 Der kurze Brief zum langen Abschied, S. 148

276 Aber ich lebe nur von den Zwischenräumen, S. 226

277 Handke, Hamm, S. 86

278 Mein Jahr in der Niemandsbucht (s. Anm. 32)

279 Vgl. Juliane Vogel: «Wirkung in die Ferne». Handkes «Mein Jahr in der Niemandsbucht» und Goethes «Wanderjahre». In: Klaus Amann u. a., S. 167 – 180

280 Vgl. Carsten Rohde: Spiegeln und Schweben. Goethes autobiographisches Schreiben. Göttingen 2006

281 Die Lehre der Sainte-Victoire, S. 81 ff.

282 Die Geschichte des Bleistifts, S. 30

283 Der kurze Brief zum langen Abschied, S. 18

284 Ebenda, S. 135

285 Ebenda, S. 137

286 Die Lehre der Sainte-Victoire, S. 60 f.

287 Über die Dörfer (Klappentext)

288 Vgl. das Gespräch mit Ulrich Kurtz, S. 24

289 Handke, Lenz: Briefwechsel, S. 131

290 Ich danke Ulla Berkéwicz und Raimund Fellinger, der mich auf die unveröffentlichte Reiseaufzeichnung Siegfried Unselds aufmerksam gemacht hat, für die Erlaubnis, daraus zitieren zu dürfen.

291 Zeit mit Siegfried Unseld (ohne Zeitwörter). In: Ins Gelingen verliebt sein und in die Mittel des Gelingens. Siegfried Unseld zum Gedenken. Frankfurt a. M. 2003, S. 183

292 Die Notizbuch-Eintragungen werden, mit der Erlaubnis Peter Handkes, aus dem unveröff. handschr. Notizbuch der Dezembertage des Jahres 1978 zitiert

293 «Unter uns: ich hab oft Angst um Sie, nicht nur wenn ich im Keuschnig lese.» (Hermann Lenz, Brief an P. Handke, 30. März 1975. In: Handke, Lenz: Briefwechsel, S. 70)

294 Langsame Heimkehr, S. 9

295 Vgl. die Reflexionen zu Hölderlins «Heilig» (Gestern unterwegs, S. 50)

296 Wie durch «Bedeutungswandlung oder Richtungsänderung» – «trotz dieses schrecklichen Mißbrauchs» – die Wörter wieder verwendbar gemacht werden können, «sogar jenes ‹Heil›». (Noch einmal vom Neunten Land. Peter Handke im Gespräch mit Jože Horvat. Klagenfurt u. a. 1993, S. 17)

297 Paul Celan: Corona. In: P. Celan: Gesammelte Werke in sieben Bänden, Bd. 3, S. 37

298 Ingeborg Bachmann: Lieder von einer Insel. Werke. Bd. 1, S. 122

299 Erich Stöller: Mythos und Aufklärung. Psychoanalytische und kulturgeschichtliche Aspekte des Themas Herrschaft. Stuttgart 1999

300 Langsame Heimkehr, S. 146

301 Ebenda, S. 11 f.

302 Zur Landschaftsdarstellung als Abenteuer vgl. Handke, Hamm, S. 43

303 Am Felsfenster morgens (und andere Ortszeiten 1982 – 1987). München 2000 [1998], S. 5

304 Vgl. Kurt Palm: Vom Boykott zur Anerkennung. Brecht und Österreich. Wien u. München 1983, S. 69 f.

305 Ebenda, S. 73 f.

306 Vgl. Bartmann: Suche nach Zusammenhang, S. 37 f.

307 Elfenbeinturm, S. 51

308 Horváth und Brecht. In: Elfenbeinturm, S. 64

309 Ebenda, S. 63

310 Ebenda, S. 63

311 «Knöpf unsern Mördern die krachledernen Hosenschlitze vor die zähledrigen Kriegsfratzen […].» (Über die Dörfer, S. 69)

312 Ebenda, S. 39 ff.

313 Vgl. Gerhard Wolf u. Käthe Reichel: An einem kleinen Nachmittag. Brecht liest Bachmann. In: Hans Höller (Hg.): Der dunkle Schatten, dem ich schon seit Anfang folge: Ingeborg Bachmann. Wien 1982, S. 173 – 184

314 Über die Dörfer, S. 37

315 Ebenda, S. 42 f.

316 Christoph Ransmayr: Auszug aus dem Hause Österreich. Unterwegs zur letzten Kaiserin Österreichs. In: C. Ransmayr (Hg.): Im blinden Winkel. Nachrichten aus Mitteleuropa. Frankfurt a. M. 1989, S. 281 f.

317 W. G. Sebald: Jenseits der Grenze – Peter Handkes Erzählung «Die Wiederholung». In: W. G. Sebald:

Unheimliche Heimat. Essays zur österreichischen Literatur. Salzburg und Wien 1991, S. 173

318 Die Wiederholung, S. 71 f. u. S. 77
319 Ebenda, S. 74
320 Ebenda, S. 90
321 Sebald, S. 163 f.
322 Die Wiederholung, S. 102
323 Sebald, S. 170 f.
324 Das «Übersetzen», «viel ruhiger und viel weniger gefahrvoll» (Handke, Hamm, S. 159)
325 Vom Übersetzen: Bilder, Bruchstücke, ein paar Namen. In: Langsam im Schatten, S. 98
326 Schwagerle, S. 522
327 Peter Handke, Nachwort zu Walker Percys «Der Kinogeher». In: Langsam im Schatten, S. 100 f.
328 Vgl. Hafner: Die Abwesenheit des Anderen, S. 114 ff.
329 Ingeborg Bachmann: Biographisches. In: I. Bachmann: Kritische Schriften. Hg. v. Monika Albrecht u. Dirk Göttsche. München u. Zürich 2005, S. 6
330 Friedrich Heer, zit. n. Ransmayr: Im blinden Winkel, S. 282
331 Nachwort zu Florjan Lipuš' «Der Zögling Tjaž», ebenfalls in: Langsam im Schatten, S. 104 ff.
332 Zu Gustav Januš, Gedichte 1962 – 1983. In: Langsam im Schatten, S. 109 f.
333 Ebenda
334 Abschied des Träumers vom Neunten Land. In: P. Handke: Abschied des Träumers vom Neunten Land. Eine winterliche Reise zu den Flüssen Donau, Save, Morawa und Drina oder Gerechtigkeit für Serbien. Sommerlicher Nachtrag zu einer winterlichen Reise. Frankfurt a. M. 1998 [1991], S. 20 f.
335 Ilma Rakusa: Wiederdichten. Peter Handke als Übersetzer. In: Gerhard Fuchs, Gerhard Melzer (Hg.): Die Langsamkeit der Welt. Graz 1993, S. 229 u. S. 238
336 Ebenda, S. 231
337 Oswald Panagl: «Erdulder Prometheus: Wofür erleidest du diese Strafe?» Zum Übersetzungsverfahren Peter Handkes in «Prometheus, gefesselt». In: Adolf Haslinger, Herwig Gottwald u. Andreas Freinschlag: «Abenteuerliche, gefahrvolle Arbeit». Erzählen als (Über)Lebenskunst. Vorträge des Salzburger Handke-Symposions. Stuttgart 2006, S. 38
338 Vom Übersetzen. In: Langsam im Schatten, S. 100
339 Die Wiederholung, S. 235
340 Nachmittag eines Schriftstellers, S. 82 f.
341 Am Felsfenster morgens, S. 541
342 Die Wiederholung, S. 128 ff.
343 Gestern unterwegs, S. 206
344 Ebenda, S. 5
345 Ebenda, S. 113
346 «Den ‹Bildverlust› romanisch erzählen (29. Nov. 1987, Split)». In: Gestern unterwegs, S. 17
347 Ebenda, S. 296 u. S. 87
348 Ebenda, S. 297
349 Ebenda, S. 173 f.
350 «Romanik: so viel Zwischenraum war nie». (Ebenda, S. 244)
351 Die Hornissen, S. 133. Auch in «Gestern unterwegs»: «Immer wieder mein Maß: der Mann einst auf der Landstraße in Oberösterreich» (S. 295)
352 Ebenda, S. 36 f.
353 Ebenda, S. 31
354 Ebenda, S. 29
355 Die Lehre der Sainte-Victoire, S. 63
356 Epopöe vom Verschwinden der Wege oder Eine andere Lehre der Sainte-Victoire. In: P. Handke: Noch einmal für Thukydides. München 1997 [1995], S. 107
357 Gestern unterwegs, S. 218
358 Ebenda, S. 175
359 Versuch des Exorzismus der einen Geschichte durch eine andere. In: Noch einmal für Thukydides, S. 89
360 «Bahnwege», ein Forschungsprojekt des Historikers Günther Grab-

ner, das den Widerstand der österreichischen Eisenbahner entlang der Bahnstrecken und Bahnhöfe in Österreich zum Gegenstand hat – und mir Handkes Aufmerksamkeit für die Eisenbahner entdecken half

361 Am Felsfenster morgens, S. 483

362 Gestern unterwegs, S. 396

363 Versuch des Exorzismus der einen Geschichte durch eine andere. In: Noch einmal für Thukydides, S. 87 ff.

364 Vgl. Serge u. Beate Klarsfeld (Hg.): Die Kinder von Izieu: eine jüdische Tragödie. Berlin 1991

365 Der Chinese des Schmerzes, S. 74 ff.

366 Regie: Claus Peymann, Uraufführung: 9. Juni 1999

367 Gestern unterwegs, S. 5 f.

368 Zurüstungen für die Unsterblichkeit. Ein Königsdrama. Frankfurt a. M. 1997, S. 7

369 Lucie im Wald mit den Dingsda, S. 42 f.

370 Vgl. die Dokumentation in: Noch einmal für Jugoslawien, S. 208 f. (s. Anm. 374)

371 Das «Dayton-Abkommen», am 21. November 1995 unter US-amerikanischer Schirmherrschaft (Bill Clinton) in Dayton vereinbart, in Paris am 14. Dezember von den Präsidenten Bosniens, Kroatiens und Serbiens unterzeichnet

372 Das vom Sicherheitsrat der Vereinten Nationen im Mai 1992 verhängte umfassende Wirtschaftsembargo gegen Serbien und Montenegro (Resolution 757)

373 Eine gerechtere Beurteilung der politischen Rolle von Slobodan Milošević ist durch das Urteil des Internationalen Gerichtshofes der Vereinten Nationen (IGH) in die Wege geleitet worden (Februar 2007), wonach Serbien von der Beteiligung am Völkermord in der bosnischen Enklave Srebrenica freigesprochen wurde.

374 Vgl. die Dokumentation des größeren journalistischen Spektrums der Reaktionen auf Handkes Reisebericht bei Thomas Deichmann (Hg.): Noch einmal für Jugoslawien. Frankfurt a. M. 1999

375 Lothar Bluhm: «Schon lange … hatte ich vorgehabt, nach Serbien zu fahren». Peter Handkes Reisebücher oder: Möglichkeiten und Grenzen künstlerischer «Augenzeugenschaft». In: Wirkendes Wort 48 (1998), S. 68

376 «Handkes archimedischer Punkt sind nicht die Toten», so z. B. Thomas Assheuers merkwürdige Erklärung von Handkes Unzuständigkeit für Geschichte und Politik, «sondern die ‹Urwelten›, die Natur der Natur, das wilde Dunkel als Grund und Ziel, eidos und telos aller Verwandlung». (Die Verwandlung des Krieges. In: Frankfurter Rundschau, 17. Februar 1996, abgedr. auch in: Deichmann, S. 7)

377 Jürgen Manthey: Laudatio auf Peter Handke bei der Verleihung des Bremer Literaturpreises am 26. Januar 1988 im Bremer Rathaus. In: Verleihung des Bremer Literaturpreises an Peter Handke. Bremen 1988, S. 13

378 «Nackter, blinder, blöder Wahnsinn». Peter Handke im Gespräch mit Wolfgang Reiter und Christian Seiler (Profil, 18. März 1996). In: Deichmann, S. 155

379 Die Wiederholung, S. 118

380 Ebenda, S. 119

381 Ebenda, S. 130 u. S. 132 f.

382 Vgl. das von der Jugoslawien-Historikerin Cathérine Samary bearbeitete Stichwort «jugoslawischer Sozialismus» in: Wolfgang Fritz Haug: Historisch-Kritisches Wörterbuch des Marxismus. Hg. v. W. F. Haug. Bd. 6 / II. Berlin 2006, Sp. 1709 – 1724

383 Die Wiederholung, S. 120

384 Winterliche Reise, S. 157 f.

385 Franz Kafka: Tagebücher. Bd. 3: 1914 – 1923 in der Fassung der

Handschrift. Frankfurt a. M. 1994, S. 210 (27. 1. 1922)

386 Winterliche Reise, S. 55 (s. Anm. 334)

387 Ebenda, S. 158 f.

388 «Wie kann Frieden zwischen zwei Völkern gemacht werden», fragt der israelische Friedensaktivist Uri Avnery in einem Vortrag auf der Berliner «Fachtagung über ‹Gewaltfreie Kindererziehung›» (20. Oktober 2005), «wenn deren beide Narrative derart entgegengesetzt, scheinbar unvereinbar und unversöhnlich sind?» (http://www.uri.avnery.de)

389 Winterliche Reise, S. 29

390 Ebenda, S. 206 f.

391 Sommerlicher Nachtrag zu einer winterlichen Reise, S. 241

392 Die Hornissen, S. 122

393 Ebenda

394 Sommerlicher Nachtrag, S. 225 u. S. 235 f.

395 Dabei ist Handkes Werk ein paradigmatisches Werk der Ermunterung zum Lesen. Vgl. Günther Stocker: Vom Bücherlesen. Zur Darstellung des Lesens in der deutschsprachigen Literatur seit 1945. [masch.] Wien 2006, S. 258–303

396 Zit. n. Ö 1-Nachrichten, 26. Februar 2007, 18.00 Uhr

397 Der Bildverlust oder Durch die Sierra de Gredos. Frankfurt a. M. 2002, S. 720

398 Zurüstungen für die Unsterblichkeit, S. 40 f.

399 Wie «sie hochaufgerichtet da am Werk war». (Don Juan (erzählt von ihm selbst). Frankfurt a. M. 2004, S. 34)

400 Der Bildverlust, S. 592

401 Zurüstungen für die Unsterblichkeit, S. 7

402 Winterliche Reise, S. 139

403 Mündliches und Schriftliches (s. Anm. 46)

404 Mein Jahr in der Niemandsbucht, S. 274

405 Spuren der Verirrten, S. 49 f.

406 Der Chinese des Schmerzes, S. 127

407 Elfriede Jelinek: Aus gegebenem Anlaß. In: Der Standard, 30. Mai 2006

408 Die Fahrt im Einbaum oder Das Stück zum Film vom Krieg. Frankfurt a. M. 1999, S. 125

409 Die Fahrt im Einbaum, S. 124 u. S. 121 f.

410 Mein Jahr in der Niemandsbucht, S. 12

411 Juliane Vogel: «Wirkung in die Ferne». Handkes «Mein Jahr in der Niemandsbucht» und Goethes «Wanderjahre». In: Klaus Amann u. a., S. 167–180

412 Mein Jahr in der Niemandsbucht, S. 11

413 Ebenda, S. 13

414 Ebenda, S. 194

415 Ebenda, S. 18

416 Ebenda, S. 621

417 Ebenda, S. 622

418 Ebenda, S. 626 f.

419 Das Orakel wird von dem mittellateinischen Autor Alberich de Trois Fontaines in einem «Uronicon» genannten Werk überliefert

420 Adalbert Stifter: Aus dem alten Wien. Frankfurt a. M. 1959, S. 36

421 Arnold Stadler: Mein Stifter: Porträt eines Selbstmörders in spe und fünf Photographien. Köln 2005, S. 156

422 Der Bildverlust, S. 710

423 Ebenda, S. 503

424 Ebenda, S. 718

425 Ebenda, S. 709 f.

426 Ebenda, S. 592 f.

427 Ebenda, S. 759

1942 Peter Handke wird am 6. Dezember 1942 in Altenmarkt 25, Gemeinde Griffen, geboren. Die Mutter, Maria Handke, geb. Siutz, stammt aus einer kärntner-slowenischen Familie. Ihr Mann, Bruno Handke, als Soldat in Kärnten stationiert, kommt aus Berlin. Peter Handke ist das Kind des deutschen Soldaten Erich Schönemann.

1943 Zwei Brüder der Mutter, Gregor und Hans, fallen im Krieg.

1944 Maria Handke zieht mit dem Kind zur Familie ihres Mannes nach Berlin. Im selben Jahr wieder zurück nach Griffen.

1945 Nach Kriegsende fährt Maria Handke wieder mit dem Kind nach Berlin, wo der aus dem Krieg zurückgekehrte Ehemann lebt.

1947 Geburt der Schwester Monika

1948 Im Juni: Flucht der Familie aus dem Ostsektor der geteilten Stadt Berlin nach Kärnten, ins kleinbäuerliche Elternhaus der Mutter. Peter Handke besucht ab Herbst die Volksschule.

1949 Geburt des Bruders Hans Gregor.

1954 Peter Handke wechselt nach der zweiten Hauptschul-Klasse in das bischöfliche Seminar Tanzenberg über, ein humanistisches Gymnasium mit katholischem Internat.

1957 Geburt des Bruders Robert. Umzug in das in gemeinsamer Arbeit erbaute Haus, Altenmarkt 6.

1959 Erste literarische Veröffentlichung (*Der Namenlose*, in: Kärntner Volkszeitung, 13. Juni 1959). Mitten im Schuljahr Austritt aus dem Priesterseminar in Tanzenberg; er wird Schüler des Bundesgymnasiums Klagenfurt und fährt nun täglich mit dem Bus von Griffen nach Klagenfurt.

1961 Abitur. Begegnung mit dem leiblichen Vater. Im Herbst Beginn des Jurastudiums in Graz.

1963 Arbeit am ersten Roman, *Die Hornissen*. Bekanntschaft mit Alfred Kolleritsch, dem Herausgeber der Zeitschrift «manuskripte». Mitarbeit an literarischen Sendungen von Radio Steiermark.

1965 Der Suhrkamp Verlag nimmt den Roman zur Publikation an. Abbruch des Studiums. Bekanntschaft mit der Schauspielerin Libgart Schwarz.

1966 *Die Hornissen* erscheint. Berühmt aber wird der Autor mit einem Diskussionsbeitrag auf der Tagung der «Gruppe 47» in Princeton. Am 8. Juni Uraufführung von *Publikumsbeschimpfung* im Frankfurter Theater am Turm (Regie: Claus Peymann). Im August zieht er mit Libgart Schwarz von Graz nach Düsseldorf. Er wird fast sieben Jahre lang in der Bundesrepublik Deutschland und in Berlin leben.

1967 Heirat mit Libgart Schwarz. *Begrüßung des Aufsichtsrats* erscheint im Salzburger Residenz Verlag. Gerhart-Hauptmann-Preis.

1968 Uraufführung von *Kaspar* am 11. Mai 1968 gleichzeitig in Frankfurt (Regie: Claus Peymann) und Oberhausen (Regie: Günter Büch).

1969 Umzug nach Berlin. Geburt der Tochter Amina. Zwei Gedichtbände erscheinen: *Deutsche Gedichte* und *Die Innenwelt der Außenwelt der Innenwelt*. Übersiedlung der Familie nach Paris.

1970 Wieder zurück in der Bundesrepublik. Mit dem Roman *Die Angst des Tormanns beim Elfmeter* wird er von nun an als Prosa-Autor wahrgenommen.

1971 Einzug in das eigene Haus in Kronberg am Taunus. USA-Reise im April und Mai. In der Nacht vom 19. zum 20. November nimmt sich Peter Handkes Mutter das Leben.

1972   Nach dem Roman *Der kurze Brief zum langen Abschied* erscheint im September *Wunschloses Unglück*.

1973   Im November erhält der Dreißigjährige den Georg-Büchner-Preis. Er wird ihn 1999 aus Protest gegen die deutsche Beteiligung an der Bombardierung Serbiens und des Kosovo zurückgeben. Im Dezember übersiedelt er mit der Tochter Amina nach Paris, wo er bis 1978 bleibt.

1974   In Zürich wird das Theaterstück *Die Unvernünftigen sterben aus* uraufgeführt (Regie: Horst Zankl). Wim Wenders verfilmt *Falsche Bewegung*.

1975   *Die Stunde der wahren Empfindung* erscheint. Beginn der Journal-Aufzeichnungen, die der Autor bis Juli 1990 fortführen wird. Mitbegründung und Mitarbeit am Petrarca-Preis.

1977   Der Autor verfilmt die 1976 erschienene Erzählung *Die linkshändige Frau*, mit Edith Clever, Angela Winkler, Bruno Ganz, Bernhard Minetti und Rüdiger Vogler in den Hauptrollen.

1978   Da die Tochter Amina das folgende Schuljahr bei ihrer Mutter in Berlin bleibt, kann Handke eine große Reise in den Norden Amerikas antreten, nach Alaska, an den Yukon, den Schauplatz von *Langsame Heimkehr*. Rückkehr über New York. Dort die schwerste Krise im bisherigen Leben und Schreiben, aus der er sich in Stuttgart, Januar 1979, beim Besuch von Hannah und Hermann Lenz, befreit.

1979   *Langsame Heimkehr*, das Buch der Krise und deren Überwindung, erscheint. Im August Übersiedlung nach Salzburg. Die weiteren Bände der Tetralogie *Langsame Heimkehr* entstehen dann in Salzburg. Handke erhält den zum ersten Mal vergebenen Franz-Kafka-Preis.

1980   Erste Übersetzung eines Werks der slowenischen Literatur – «Zmote dijaka Tjaža» von Florjan Lipuš – gemeinsam mit Helga Mračnikar. Beginn einer erstaunlich vielfältigen Übersetzungsarbeit.

1982   Uraufführung von *Über die Dörfer* (Regie: Wim Wenders) bei den Salzburger Festspielen.

1985   Handke verfilmt Marguerite Duras' «La Maladie de la Mort» mit Marie Colbin. Er lehnt den Anton-Wildgans-Preis der Vereinigung österreichischer Industrieller ab.

1986   Neben dem epischen Roman *Die Wiederholung* erscheint das *Gedicht an die Dauer*. Herbert Gampers Gespräche mit Peter Handke entstehen, sie sind neben den Gesprächen mit Peter Hamm (2002) die aufschlussreichsten Gesprächsaufzeichnungen.

1987   Nach dem Abitur der Tochter tritt Handke im Herbst eine Weltreise an.

1988   Tod des Stiefvaters Bruno Handke.

1990   16. Januar Uraufführung von *Das Spiel vom Fragen* im Burgtheater Wien (Regie: Claus Peymann). An der Schaubühne in Berlin inszeniert Luc Bondy Handkes Neu-Übersetzung von Shakespeares «Wintermärchen».
Kauf eines Hauses in Chaville, am südwestlichen Rand von Paris, das er im Sommer bezieht. Er lernt die Schauspielerin Sophie Semin kennen, die im folgenden Jahr zu ihm nach Chaville zieht.

1991   Geburt der Tochter Leocadie. Am 25. Juni erklären Slowenien und Kroatien ihre staatliche Unabhängigkeit. Beginn des Jugoslawien-Kriegs in Slowenien. *Abschied des Träumers vom Neunten Land* (Süddeutsche Zeitung, 27./28. Juli). In allen von nun an geschriebenen Werken ist der Krieg «latent allgegenwärtig».

1992 *Die Stunde, da wir nichts voneinander wußten* (Burgtheater Wien, 9. Mai, Regie: Claus Peymann).

1994 Handke verfilmt in der Umgebung von Chaville *Die Abwesenheit* (u. a. mit Sophie Semin, Bruno Ganz, Jeanne Moreau). *Mein Jahr in der Niemandsbucht* erscheint.

1995 Im November Serbienreise mit seiner Frau und zwei serbischen Freunden. Von da an jährlich mehrere Reisen in das ehemalige Jugoslawien.

1996 Der Serbien-Reisebericht erscheint (Süddeutsche Zeitung, 5./6., 13./14. Januar). Weltweite Reaktion der Medien auf Handkes Kritik der Sprache und der Informationspolitik der Medien. Lesereise im Februar und März (u. a. auch in Ljubljana und Belgrad, wo er den Text in den Landessprachen vorliest). *Sommerlicher Nachtrag*: Reise in die Republika Srpska und nach Srebrenica. «Genozid» – «immer noch das richtige und rechtliche Beiwort».

1997 Das «Königsdrama» *Zurüstungen für die Unsterblichkeit* am Burgtheater Wien (Regie: Claus Peymann). *In einer dunklen Nacht ging ich aus meinem stillen Haus* erscheint.

1999 In der Zeit der NATO-Luftangriffe vom 24. März bis 10. Juni reist Handke zweimal durch Serbien und den Kosovo. Im Burgtheater Wien wird sein Jugoslawien-Drama *Die Fahrt im Einbaum oder Das Stück zum Film vom Krieg* aufgeführt (Premiere am 9. Juni, Regie: Claus Peymann).

2000 *Unter Tränen fragend*, die Aufzeichnungen der zwei Jugoslawien-Durchquerungen im Krieg, März und April 1999.

2002 Der «Bildverlust» in der vom Geld beherrschten Innen- und Außenwelt ist das Thema des neuen Romans. Auseinandersetzung mit dem Kriegsverbrecher-Tribunal in Den Haag (ICTY) in einem Artikel der «Süddeutschen Zeitung» (4. Oktober, *Rund um das Große Tribunal*)

2003 *Untertagblues* bei den Wiener Festwochen (Luc Bondy) und am Berliner Ensemble (Claus Peymann).

2005 Im Juli / August-Heft der Zeitschrift «Literaturen» erscheint der *Umwegzeugenbericht zum Prozeß gegen Slobodan Milošević. Die Tablas von Daimiel.*

2006 Teilnahme am Begräbnis von Slobodan Milošević in Požarevac (18. März 2009), für Handke eine Geste gegen die monströsen Milošević-Bilder in den Medien. Er trifft dort Ramsey Clark, den früheren amerikanischen Justizminister. Am 27. April nimmt Marcel Bozonnet ein geplantes Handke-Stück aus dem Programm der Comédie Française in Paris. Er bezieht sich dabei auf einen Artikel im «Le Nouvel Observateur» (6. April), in dem Ruth Valentini dem Autor mit gefälschten Zitaten unterstellt, das Massaker in Srebrenica gutzuheißen. In Deutschland wird dem Autor der von der Jury des Heine-Preises in Düsseldorf am 23. Mai zugesprochene Preis von den Stadtpolitikern der SPD, FDP und der Grünen verweigert.

2007 Handke nimmt am 17. Februar anlässlich der Uraufführung von *Spuren der Verirrten* (Regie: Claus Peymann) im Berliner Ensemble den Berliner Heinrich-Heine-Preis entgegen. Das Preisgeld von 50 000 Euro übergibt er einer der serbischen Enklaven im Kosovo. Der Internationale Gerichtshof der Vereinten Nationen spricht nach einem mehrere Jahre dauernden Prozess am 26. Februar Serbien von der Anklage frei, am Völkermord in Srebrenica beteiligt gewesen zu sein.

Am 6. Mai Uraufführung der *Spuren der Verirrten* am Wiener Burgtheater (Regie: Friederike Heller). *Kali. Eine Vorwintergeschichte* erscheint. Für das Jahresende, zum 65. Geburtstag des Autors, kündigt der Suhrkamp Verlag ein neues Buch von Peter Handke an: *Samara*. Das arabische Wort weist auf eine *Erzählung, die durch die Nacht geht.*

BIBLIOGRAPHIE

Werke

Die Hornissen. Roman. Frankfurt
a. M. 1966, Suhrkamp
Publikumsbeschimpfung und andere
Sprechstücke. Frankfurt a. M. 1966,
Suhrkamp
Der Hausierer. Roman. Frankfurt
a. M. 1967, Suhrkamp
Begrüßung des Aufsichtsrats. Pro-
satexte. Salzburg 1967, Residenz
Die Literatur ist romantisch. Aufsatz.
Berlin 1967, Oberbaumpresse
Kaspar. Frankfurt a. M. 1968, Suhr-
kamp
Prosa, Gedichte, Theaterstücke,
Hörspiele, Aufsätze. Frankfurt a. M.
1969, Suhrkamp
Deutsche Gedichte. Frankfurt a. M.
1969, euphorion
Die Innenwelt der Außenwelt der
Innenwelt. Frankfurt a. M. 1969,
Suhrkamp
Der gewöhnliche Schrecken. Horror-
geschichten. Hrg. v. Peter Handke.
Salzburg 1969, Residenz
Die Angst des Tormanns beim Elf-
meter. Erzählung. Frankfurt a. M.
1970, Suhrkamp
Wind und Meer. Vier Hörspiele.
Frankfurt a. M. 1970, Suhrkamp
Der Ritt über den Bodensee. Frank-
furt a. M. 1970, Verlag der
Autoren
Chronik der laufenden Ereignisse.
Frankfurt a. M. 1971, Suhrkamp
Stücke 1. Frankfurt a. M. 1972, Suhr-
kamp
Der kurze Brief zum langen Ab-
schied. Erzählung. Frankfurt a. M.
1972, Suhrkamp
Wunschloses Unglück. Erzählung.
Salzburg 1972, Residenz
Ich bin ein Bewohner des Elfen-
beinturms. Frankfurt a. M. 1972,
Suhrkamp
Stücke 2. Frankfurt a. M. 1973,
Suhrkamp
Die Unvernünftigen sterben aus.
Frankfurt a. M. 1973, Suhrkamp
Als das Wünschen noch geholfen
hat. Gedichte, Aufsätze, Texte, Fo-
tos. Frankfurt a. M. 1974, Suhr-
kamp
Falsche Bewegung. Filmerzählung.
Frankfurt a. M. 1975, Suhrkamp
Die Stunde der wahren Empfindung.
Erzählung. Frankfurt a. M. 1975,
Suhrkamp
Die linkshändige Frau. Erzählung.
Frankfurt a. M. 1976, Suhrkamp
Das Ende des Flanierens. Gedichte.
Wien 1977, David-Presse
Das Gewicht der Welt. Ein Journal
(November 1975 – März 1977). Salz-
burg 1977, Residenz
Langsame Heimkehr. Erzählung.
Frankfurt a. M. 1979, Suhrkamp
Die Lehre der Sainte-Victoire. Frank-
furt a. M. 1980, Suhrkamp
Das Ende des Flanierens. Frankfurt
a. M. 1980, Suhrkamp
Kindergeschichte. Frankfurt a. M.
1981, Suhrkamp
Über die Dörfer. Dramatisches Ge-
dicht. Frankfurt a. M. 1981, Suhr-
kamp
Die Geschichte des Bleistifts. Salz-
burg 1982, Residenz
Phantasien der Wiederholung. Frank
furt a. M. 1983, Suhrkamp
Der Chinese des Schmerzes. Frank-
furt a. M. 1983, Suhrkamp
Gedicht an die Dauer. Frankfurt a. M.
1986, Suhrkamp
Die Wiederholung. Frankfurt a. M.
1986, Suhrkamp
Nachmittag eines Schriftstellers.
Salzburg 1987, Residenz
Die Abwesenheit. Ein Märchen.
Frankfurt a. M. 1987, Suhrkamp
Der Himmel über Berlin. Ein Filmbuch. Mit Wim Wenders. Frankfurt
a. M. 1987, Suhrkamp
Das Spiel vom Fragen oder Die Reise
zum sonoren Land. Frankfurt a. M.
1989, Suhrkamp

ersuch über die Müdigkeit. Frankfurt a. M. 1989, Suhrkamp

och einmal für Thukydides. Salzburg 1990, Residenz (erw. Ausg. 1995, Tb.-Ausgabe bei dtv noch um ein Stück erweitert)

ersuch über die Jukebox. Frankfurt a. M. 1990, Suhrkamp

bschied des Träumers vom Neunten Land. Frankfurt a. M. 1991, Suhrkamp (gekürzte Fassung zuerst unter dem Titel «Abschied des Träumers vom Neunten Land. Eine Wirklichkeit, die vergangen ist: Erinnerungen an Slowenien». In: Süddeutsche Zeitung, 27./28. 7. 1991)

ersuch über den geglückten Tag. Ein Wintertagtraum. Frankfurt a. M. 1991, Suhrkamp

angsam im Schatten. Gesammelte Verzettelungen. 1980–1992. Frankfurt a. M. 1992, Suhrkamp

ie Stunde, da wir nichts voneinander wußten. Ein Schauspiel. Frankfurt a. M. 1992, Suhrkamp

ein Jahr in der Niemandsbucht. Ein Märchen aus den neuen Zeiten. Frankfurt a. M. 1994, Suhrkamp

ie Abwesenheit. Eine Skizze. Ein Film. Ein Gespräch. Mit Photos von Ruth Walz. Nachwort von Ulrich Kurtz. Basel 1996, Edition 350

ine winterliche Reise zu den Flüssen Donau, Save, Morawa und Drina oder Gerechtigkeit für Serbien. Frankfurt a. M. 1996, Suhrkamp (zuerst erschienen unter dem von der Red. gewählten Titel «Gerechtigkeit für Serbien. Eine winterliche Reise zu den Flüssen Donau, Save, Morava und Drina». In: Süddeutsche Zeitung, 5./6. u. 13./14. Januar 1996)

ommerlicher Nachtrag zu einer winterlichen Reise. Frankfurt a. M. 1996, Suhrkamp

n einer dunklen Nacht ging ich aus meinem stillen Haus. Roman. Frankfurt a. M. 1997, Suhrkamp

Zurüstungen für die Unsterblichkeit. Ein Königsdrama. Frankfurt a. M. 1997, Suhrkamp

Am Felsfenster morgens (und andere Ortszeiten 1982–1987). Salzburg u. Wien 1998, Residenz

Die Fahrt im Einbaum oder Das Stück zum Film vom Krieg. Frankfurt a. M. 1999, Suhrkamp

Lucie im Wald mit den Dingsda. Eine Geschichte. Frankfurt a. M. 1999, Suhrkamp

Unter Tränen fragend. Nachträgliche Aufzeichnungen von zwei Jugoslawien-Durchquerungen im Krieg, März und April 1999. Frankfurt a. M. 2000, Suhrkamp

Der Bildverlust oder Durch die Sierra de Gredos. Roman. Frankfurt a. M. 2002, Suhrkamp

Mündliches und Schriftliches. Zu Büchern, Bildern und Filmen 1992–2002. Frankfurt a. M. 2002, Suhrkamp

Wut und Geheimnis. In: Peter Handke, Klaus Amann: Wut und Geheimnis. Peter Handkes Poetik der Begriffsstutzigkeit. Zwei Reden zur Verleihung des Ehrendoktorates der Universität Klagenfurt am 8. November 2002 an Peter Handke. Klagenfurt, Wien, Ljubljana, Sarajewo 2002, S. 47–59, Wieser

«Warum eine Küche?». Texte für das Schauspiel «La Cuisine» von Mladen Materić. Französisch / Deutsch. Wien 2003, Edition Korrespondenzen

Rund um das Große Tribunal. Frankfurt a. M. 2003, Suhrkamp (zuerst in einer gekürzten Fassung in der Süddeutschen Zeitung, Magazin Nr. 40, 4. Oktober 2002)

Untertagblues. Ein Stationendrama. Frankfurt a. M. 2003, Suhrkamp

Don Juan (erzählt von ihm selbst). Frankfurt a. M. 2004, Suhrkamp

Einige Anmerkungen zum Da- und zum Dort-Sein. In: Peter Handke, Adolf Haslinger: Einige Anmerkungen zum Da- und zum Dort-

Sein. Ehrendoktorat an Peter Handke durch die Universität Salzburg. Salzburg u. Wien 2004, S. 43 – 62, Jung und Jung

Die Tablas von Daimiel. Ein Umwegzeugenbericht zum Prozeß gegen Slobodan Milošević. Frankfurt a. M. 2005, Suhrkamp (zuerst in: Literaturen Juli / August 2005, S. 84 – 103)

Spuren der Verirrten. Frankfurt a. M. 2006, Suhrkamp

Kali. Eine Vorwintergeschichte. Frankfurt a. M. 2007, Suhrkamp

Meine Ortstafeln – Meine Zeittafeln. Essays 1967 – 2007. Frankfurt a. M. 2007, Suhrkamp

Übersetzungen

Walker Percy: Der Kinogeher. Frankfurt a. M. 1980, Suhrkamp

Florjan Lipuš: Der Zögling Tjaž. Zus. mit Helga Mračnikar. Salzburg u. Wien 1981, Residenz

Emmanuel Bove: Meine Freunde. Frankfurt a. M. 1981, Suhrkamp

Emmanuel Bove: Armand. Frankfurt a. M. 1982, Suhrkamp

Francis Ponge: Das Notizbuch vom Kiefernwald / La Mounine. Frankfurt a. M. 1982, Suhrkamp

Georges-Arthur Goldschmidt: Der Spiegeltag. Frankfurt a. M. 1982, Suhrkamp

Gustav Januš: Gedichte 1962 – 1983. Frankfurt a. M. 1983, Suhrkamp

Emmanuel Bove: Bécon-les-Bruyères: eine Vorstadt. Frankfurt a. M. 1984, Suhrkamp

René Char: Rückkehr stromauf. Gedichte 1964 – 1975. München 1984, Hanser

Marguerite Duras: Die Krankheit Tod. Frankfurt a. M. 1985, S. Fischer

Walker Percy: Der Idiot des Südens. Frankfurt a. M. 1985, Suhrkamp

Patrick Modiano: Eine Jugend. Frankfurt a. M. 1985, Suhrkamp

Aischylos: Prometheus, gefesselt. Frankfurt a. M. 1986, Suhrkamp

Francis Ponge: Kleine Suite des Vivarais. Salzburg 1988, Residenz

Julien Green: Der andere Schlaf. München 1988, Hanser

Gustav Januš: Ko bom prekoraćil besedo / Wenn ich das Wort überschreite. Gedichte. Salzburg u. Wien 1988, Residenz

René Char: Die Nachbarschaften van Goghs. München 1990, Hanser

Gustav Januš: Sredi stavka / Mitten im Satz. Gedichte. Salzburg u. Wien 1991, Residenz

William Shakespeare: Das Wintermärchen. Frankfurt a. M. 1991, Suhrkamp

Georges-Arthur Goldschmidt: Der unterbrochene Wald. Erzählung. Zürich 1992, Amann

Jean Genet: Splendid's. Sie. Zusammen mit Peter Krumme. Frankfurt a. M. 1994, Verlag der Autoren

Bruno Bayen: Bleiben die Reisen. Salzburg u. Wien 1997, Residenz

Gustav Januš: Der Kreis ist jetzt mein Fenster. Gedichte. Salzburg u. Wien 1998, Residenz

Dimitri T. Analis: Land für sich. Gedichte. Salzburg u. Wien 1999, Residenz

Bruno Bayen: Die Verärgerten. Salzburg 2000, Residenz

Adonis / Dimitri T. Analis: Unter dem Licht der Zeit. Briefwechsel. Salzburg 2001, Jung und Jung

Patrick Modiano: Die Kleine Bijou. München 2003, Hanser

Sophokles: Ödipus in Kolonos. Frankfurt a. M. 2003, Suhrkamp

Briefe

Peter Handke, Hermann Lenz: Berichterstatter des Tages. Briefwechsel. Hg. und mit einem Nachwort versehen von Helmut Böttiger Charlotte Brombach und Ulrich Rüdenauer. Mit einem Essay von Peter Hamm. Frankfurt a. M. 2006

Nicolas Born, Peter Handke: Die

Hand auf dem Brief. Briefwechsel 1974–1979. In: Schreibheft. Zeitschrift für Literatur Nr. 65 (2005), S. 3–34

Filme

3 amerikanische LP's. Kurzfilm. Buch: Peter Handke. Regie: Wim Wenders, 1969

Chronik der laufenden Ereignisse. Buch und Regie: Peter Handke. Westdeutscher Rundfunk, 10. Mai 1971

Die Angst des Tormanns beim Elfmeter. Buch: Peter Handke und Wim Wenders. Regie: Wim Wenders. ARD, 29. Februar 1972

Falsche Bewegung. Buch: Peter Handke. Regie: Wim Wenders, 1974

Die linkshändige Frau. Buch und Regie: Peter Handke, 1977

Das Mal des Todes. Buch: Peter Handke, nach Marguerite Duras. Regie: Peter Handke. ORF, 20. Februar 1986

Der Himmel über Berlin. Buch: Wim Wenders und Peter Handke. Regie: Wim Wenders, 1987

Die Abwesenheit. Buch und Regie: Peter Handke, 1992

Interview-Bände

Peter Handke: Aber ich lebe nur von den Zwischenräumen. Ein Gespräch, geführt von Herbert Gamper. Zürich 1987, Amann

Noch einmal vom Neunten Land. Peter Handke im Gespräch mit Jože Horvat. Klagenfurt u. Salzburg 1993, Wieser

André Müller: Im Gespräch mit Peter Handke. Weitra 1993, Bibliothek der Provinz

Peter Handke, Peter Hamm: Es leben die Illusionen. Gespräche in Chaville und anderswo. Göttingen 2006, Wallstein

Bibliographien

Es liegt bisher noch keine selbständige Handke-Bibliographie vor. Als bibliographische Hilfsmittel eignen sich das fortlaufend ergänzte «Kritische Lexikon zur deutschsprachigen Gegenwartsliteratur», die in den Handke-Nummern der Zeitschrift «Text + Kritik» (letzte Neuauflage 1999) mitgelieferten Bibliographien; das «Quellenlexikon zur deutschen Literaturgeschichte. Bibliography of Studies on German Literary History» – und vor allem, am bequemsten per Internet zugänglich, die von der Handke-Forscherin Katharina Pektor betreute Handke-Homepage des Suhrkamp Verlags: www.peterhandke.at

Biographien

Haslinger, Adolf: Peter Handke. Jugend eines Schriftstellers. Salzburg u. Wien 1992

Liepold-Mosser, Bernd (Kurator): «Was ich schreibe, ist ja nur meine geformte Existenz». Peter Handke. Eine Ausstellung über Leben und Werk des Schriftstellers. Stift Griffen 1997 (Dauerausstellung)

Pichler, Georg: Die Beschreibung des Glücks. Peter Handke. Eine Biographie. Wien 2002

Monographien und Sammelbände

Amann, Klaus, Fabjan Hafner, Karl Wagner (Hg.): Peter Handke. Poesie der Ränder. Wien, Köln, Weimar 2006

Arnold, Heinz Ludwig (Hg.): Peter Handke. In: Text + Kritik 1969 (Heft 24); Neufassungen: 1971, 1976, 1978, 1989, 1999

Bartmann, Christoph: Suche nach

Zusammenhang. Handkes Werk als Prozeß. Wien 1984

Bohn, Klaus: Die Idee der Wiederholung in den Schriften Peter Handkes. Würzburg 1994

Borgards, Roland: Sprache als Bild. Handkes Poetologie und das 18. Jahrhundert. München 2003

Bossinade, Johanna: Moderne Textpoetik. Entfaltung eines Verfahrens. Mit dem Beispiel Peter Handke. Würzburg 1999

Deichmann, Thomas (Hg.): Noch einmal für Jugoslawien: Peter Handke. Frankfurt a. M. 1999 (darin auch mehrere wichtige Interviews zum Jugoslawien-Krieg)

Fellinger, Raimund (Hg.): Peter Handke. Frankfurt a. M. 1985

Fuchs, Gerhard, Gerhard Melzer (Hg.): Peter Handke. Die Langsamkeit der Welt. Graz 1993

Gabriel, Norbert: Peter Handke und Österreich. Bonn 1983

Goldschmidt, Georges-Arthur: Peter Handke. Paris 1988

Hafner, Fabjan, Arno Rußegger, Werner Wintersteiner (Hg.): Peter Handke. In: ide 25 (2001)

Hafner, Fabjan: Peter Handke. Unterwegs im Neunten Land. Wien 2008

Haslinger Adolf, Herwig Gottwald, Andreas Freinschlag (Hg.): «Abenteuerliche, Gefahrvolle Arbeit». Erzählen als (Über)Lebenskunst. Vorträge des Salzburger Handke-Symposions. Stuttgart 2006

Hennig, Thomas: Intertextualität als ethische Dimension. Peter Handkes Ästhetik ‹nach Auschwitz›. Würzburg 1993

Janke, Pia: Der schöne Schein. Peter Handke und Botho Strauß. Wien 1993

Melzer, Gerhard, Jale Tükel (Hg.): Peter Handke. Die Arbeit am Glück. Königstein / Ts. 1985

Melzer, Gerhard (Hg.): Peter Handke. Über Musik. Mit Illustrationen von Amina Handke. Graz u. Wien 2003

Michel, Volker: Verlustgeschichten. Peter Handkes Poetik der Erinnerung. Würzburg 1998

Rohde, Carsten: «Träumen und Gehen». Peter Handkes geopoetische Prosa seit «Langsame Heimkehr». Hannover-Laatzen 2007

Scharang, Michael (Hg.): Über Peter Handke. Frankfurt a. M. 1972

Schwagerle, Elisabeth: Peter Handke et la France. Réception et Traduction. Phil. Diss. [masch.]. Paris u. Wien 2006

Siebert, Tilman: Langsame Heimkehr. Studien zur Kontinuität im Werk Peter Handkes. Göttingen 1997

ÜBER DEN AUTOR

Hans Höller, geb. 1947 in Vöcklabruck; Studium der Germanistik und Klassischen Philologie; nach dem Studium mehrere Jahre an ausländischen Universitäten (Neapel, Wroclaw, Montpellier); seit 1988 Professor am FB Germanistik der Universität Salzburg; Buchpublikationen zu Thomas Bernhard; Ingeborg Bachmann; Marie-Thérèse Kerschbaumer; zum «Amphitryon» von Molière und Kleist; zur «Ästhetik des Widerstands» von Peter Weiss; Herausgeber des Briefwechsels von Ingeborg Bachmann und Hans Werner Henze; Mitarbeit an kommentierten Editionen von Jean Améry (Klett-Cotta), Ingeborg Bachmann (Suhrkamp), Thomas Bernhard (Suhrkamp) und Peter Handke («Wunschloses Unglück», suhrkamp basis-bibliothek); Autor der Rowohlt-Monographien zu Ingeborg Bachmann und Thomas Bernhard.

Dank und Widmung

Ich danke Klaus Amann, Zuzana Augustova, Silvia Bengesser, Bettina Berghuber, Renate Blöchl, Gabriele Boekholt, Ria Deisl, Johann Dersula, Erwin Einzinger, Raimund Fellinger, Katrin Finkemeier, Fabjan Hafner, Gerda Haller, Gregor Handke, Monika und Hans Handke, Ludwig Hartinger, Adolf Haslinger, Irene Heidelberger-Leonard, Helga Hinterholzer, Hildemar Holl, Jochen Jung, Mario Mancini, Gertraud Mitterauer, Helga Mračnikar, Wolfgang Müller, Oswald Panagl, Katharina Pektor, Benjamin Philippi, Barbara Plätzer, Evelyn Polt-Heintel, Klemens Renoldner, Wendelin Schmidt-Dengler, Gitta Steger, Britta Steinwendtner, Inge Strotzka, Maria Luisa Wandruszka, Hans Widrich, Lošje Wieser, Sylvia Wittgenstein.

Ich danke meinem Familien-Clan, der mit Gelassenheit die ‹Abwesenheit› des Handke-Monographen ertragen hat.

Ich danke Peter Handke für die Gastfreundschaft in Chaville, für das Wort «Alles auf den Kopf stellen», auf einer Ansichtskarte geschrieben. Dies und jenes habe ich auch auf den Kopf gestellt, um es auf die Beine zu bringen. Vor mir ging unentwegt «der Mann aus Oberösterreich», der von Beginn an durch das Werk Peter Handkes geht.

Und einem «Mann aus Oberösterreich» möchte ich das Buch widmen: Erich Hinterholzer.

S 22/4

rowohlts monographien

Dichter und Literaten

Astrid Lindgren
Sybil Gräfin Schönfeldt
rororo 50703

William Shakespeare
Alan Posener
rororo 50641

Johann Wolfgang von Goethe
Peter Boerner
rororo 50577

Franz Kafka
Klaus Wagenbach
rororo 50649

Thomas Mann
Klaus Schröter
rororo 50677

Heinrich Heine
Christian Liedtke
rororo 50685

Friedrich Schiller
Claudia Pilling/Diana Schilling/
Mirjam Springer. rororo 50600

Hermann Hesse
Bernhard Zeller
rororo 50676

Rainer Maria Rilke
Hans-Egon Holthusen
rororo 50022

Klaus Mann
Uwe Naumann
rororo 50695

Bertolt Brecht
Reinhold Jaretzky

Bertolt Brecht
Reinhold Jaretzky

rororo 50692

Weitere Informationen in der Rowohlt Revue *oder unter* www.rororo.de